빛깔있는 책들 103-30

해인사

Haeinsa

글/이재창, 장경호, 장충식 ● 사진/김종섭

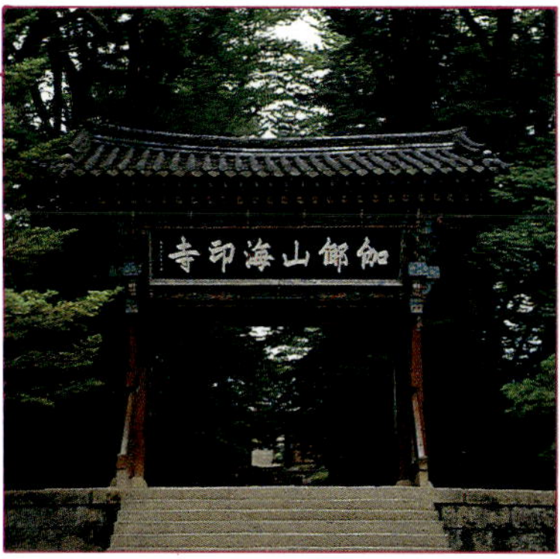

대원사

연혁 – 이재창 ——————

동국대학교 불교학과 교수이며 철학박사이다. 동국대학교 불교대학장, 대학원장, 불교대학원장, 한국불교학회 회장 등을 역임하였다. 저서로는 「고려사원경제의 연구」 등이 있고 논문으로는 '불교의 사회경제관' 외 다수가 있다.

건축 – 장경호 ——————

한양대학교 건축공학과와 동대학원 건축과 졸업, 공학박사 학위를 취득했다. 문화재연구소 미술공예연구실장, 중앙대·동국대·홍익대 강사, 문화재위원회 제3분과위원 등을 역임하였고, 현재 문화재연구소장으로 재직중이다. 저서로는 「백제사찰건축」 「한국의 전통건축」 등이 있고, 논문으로는 '통일신라시대의 건축' '고려가람의 연구' 외 다수가 있다.

유물 – 장충식 ——————

동국대학교 인도철학과와 동대학원 인도철학과 졸업, 철학박사 학위를 취득했다. 동국대 고고미술사학과 학과장, 동국대 경주캠퍼스 박물관장, 교무처장 등을 역임하였고, 현재 동국대 인문과학대학 학장으로 있으며 경상남도문화재위원, 한국미술사학회 정회원으로 활동중이다. 저서로는 「신라석탑연구」 「한국의 불상」 등이 있고, 논문으로는 '해인사 원당 석조물에 대하여' 외 다수가 있다.

빛깔있는 책들 103-30

해인사

해인사

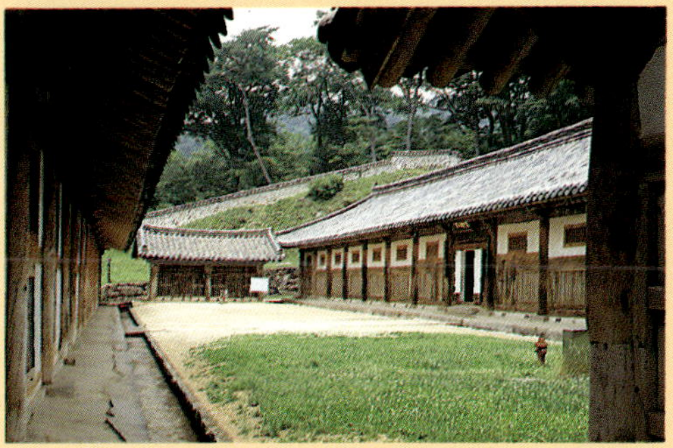

해인사 창건

해인사는 신라 애장왕(哀莊王) 3년(802) 10월 순응(順應), 이정(利貞) 두 스님에 의해 창건되었다.

해인사에 관한 종합적인 문헌으로 「가야산해인사고적(伽倻山海印寺古籍)」이 있는데, 이는 해인사의 연기(緣起), 실화(失火)와 중창의 역사, 대장경의 인경(印經)에 관한 발문 그리고 「사적기」 등 해인사에 관한 여러 사적과 문헌들을 모아 고종 11년(1874)에 판각한 것이다. 이 「가야산해인사고적」에 수록된 문헌 가운데 똑같은 이름의 「가야산해인사고적」(고려 태조 26년에 이루어진 것)과 신라 최치원(崔致遠)이 지은 「신라가야산해인사선안주원벽기(新羅伽倻山海印寺善安住院壁記)」의 두 기록은 해인사의 창건에 대하여 비교적 소상하게 전해 주고 있다.

우선 최치원은 「신라가야산해인사선안주원벽기」에서 해인사의 창건 연기를 다음과 같이 말하고 있다.

(전략) 조사(祖師)인 순응 대덕은 신림(神琳) 석덕에게 법을 배우고, 대력(大曆) 초년(766, 신라 혜공왕 2)에 중국에 건너갔

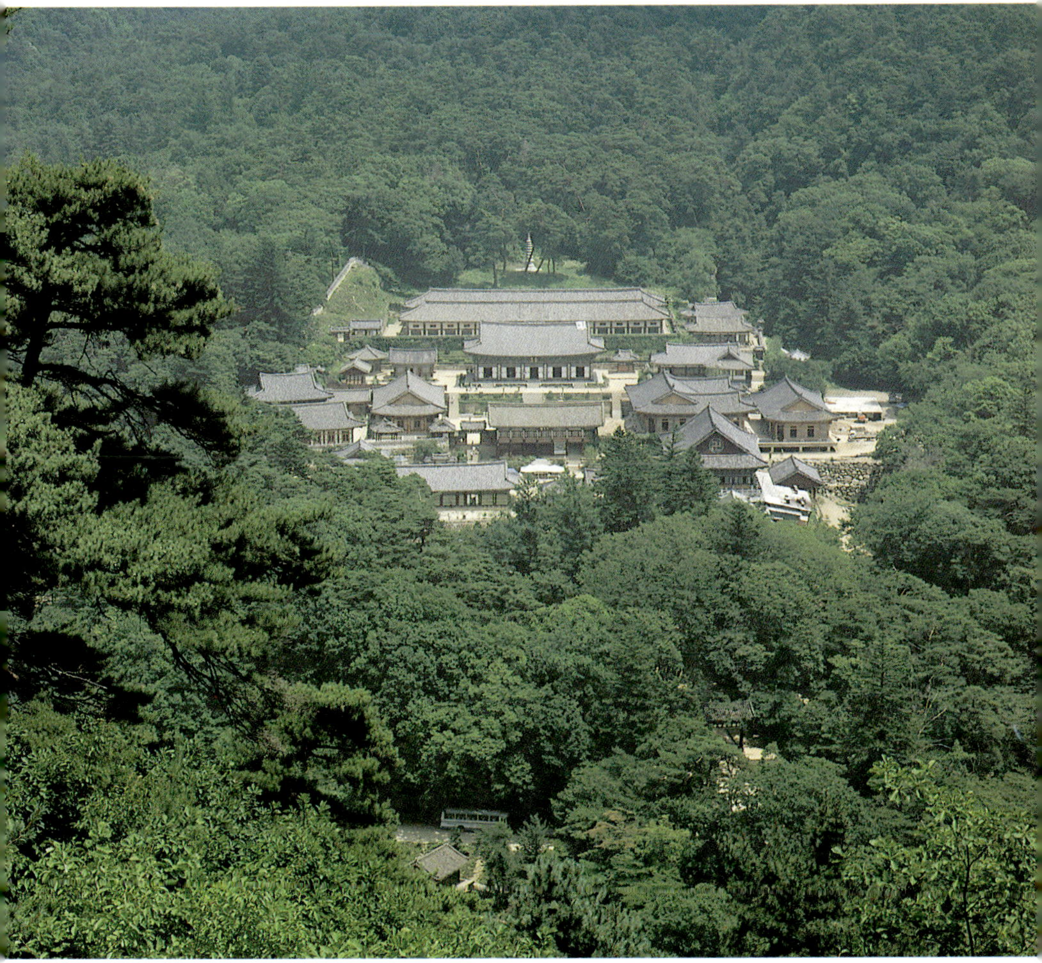

해인사 전경 창건 뒤 여러 차례의 큰 화재로 많은 건물과 요사들이 불탔으나, 지금도 75개의 말사와 16개의 부속 암자를 거느리고 있는 해인사는 한국 불교의 맥을 이어오고 있다.

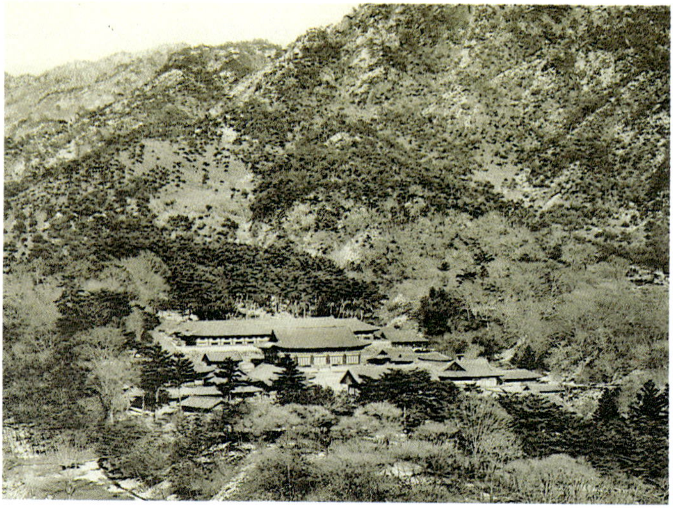

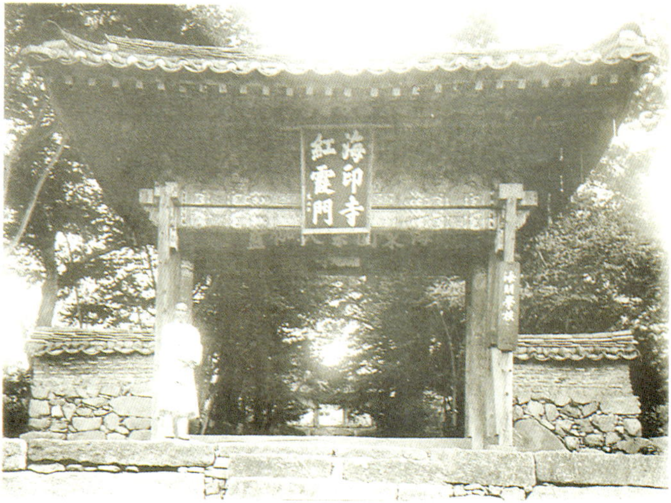

「조선고적도보」에 실린 해인사 전경(위)과 '해인사 홍하문'이란 현판을 단 예전의 해인사 일주문(아래)

다. 마른 나무에 의탁하여 몸을 잊고 고승이 거처하는 산을 찾아서 도를 얻었으며 교학을 철저히 탐구하고 선(禪)의 세계에 깊이 들어갔다. 본국으로 돌아오게 되자 영광스럽게도 나라에서 선발함을 받았다. 곧 탄식하여 말하기를 "사람은 학문을 닦아야 되며 세상은 재물을 간직함이 중하다. 이미 천지의 정기를 지녔고 또한 산천의 수려함을 얻었으나, 새도 나뭇가지를 가려서 앉는데 나는 어찌 터를 닦지 아니하랴" 하고 정원(貞元) 18년(802) 10월 16일에 동지들을 데리고 이곳에 절을 세웠다. 산신령도 묘덕(妙德)의 이름을 듣고 청량한 형세의 땅을 자리잡아 주었으며 오계(五髻)를 나누어 꾸며서 일모(一毛)를 다투어 뽑았다.

이때에 성목왕태후(聖穆王太后)께서 천하에 국모(國母)로 군림하시면서 불교도들을 아들처럼 육성하시다가 이 소문을 듣고 공경하며 기뻐하시어 날짜를 정하여 귀의하시고 좋은 음식과 예물을 내리셨다. 이것은 하늘에서 도움을 받은 것이지만 사실은 땅에 의하여 인연을 얻은 것이다. 그러나 제자들이 안개처럼 돌문으로 모여들 때 스님은 갑자기 세상을 떠나셨다. 그리하여 이정 선백(利貞禪伯)이 뒤를 이어 공적을 세웠다. 중용의 도리를 행하여 절을 잘 다스렸고 주역 대장(大壯)의 방침을 취하여 건축을 새롭게 하였다. 구름처럼 솟아오르는 듯, 노을이 퍼지는 듯, 날마다 새롭고 달마다 좋아졌다. 그리하여 가야산의 좋은 경지는 도를 성취하는 터전에 알맞게 되었으며, 해인의 귀한 보물은 지대한 가치를 가지게 되었다.(하략) 당(唐) 광화(光化) 3년(900) 천일태제(天一泰齊) 10월 그믐날 최치원 짓다.

이 기록에 의하면 순응은 신림의 제자였는데 766년, 당나라 구법의 길을 떠났다가 돌아온 뒤 신라 애장왕 3년(802)에 가야산에 해인사를 창건하기 시작했다. 이 소식을 들은 성목왕태후가 불사

(佛事)를 크게 도왔는데 갑자기 순응이 입적하게 되자 그의 뒤를 이어 이정이 이 절을 크게 완성하였다는 것을 알 수가 있다.

한편 최치원의 이 「가야산해인사선안주원벽기」보다 43년 뒤인 천복(天福) 8년(943, 고려 태조 26)에 지어진 「가야산해인사고적」에는 해인사의 창건을 다음과 같이 적고 있다.

사람의 잘 되고 못 됨은 곳에 딸리고, 땅의 성하고 쇠함은 시절에 관계되는 것이다. 가야산(일명 牛頭山) 해인사는 해동의 명찰(名刹)이다. 옛날 양(梁)나라 때, 보지공(寶誌公)이 임종할 때에 「답산기(踏山記)」를 제자들에게 주면서 유언하기를 "내가 죽은 뒤에 고려의 두 스님이 와서 법을 구할 것이니 그때 그들에게 이 「답산기」를 전해 주라"고 하였다. 그 뒤에 과연 신라의 순응, 이정 두 스님이 중국에 가서 법을 구하였는데, 보지공의 제자가 「답산기」를 내어 주면서 공이 임종할 때에 하던 말을 전하였다. 두 스님이 그 말을 듣고 공의 묘소에 찾아가서 "사람은 고금(古今)이 있거니와 법에야 어찌 앞뒤가 있겠습니까?" 하면서 밤낮 이레 동안을 선정(禪定)에 들어 법을 청하였다. 어느날 묘문이 저절로 열리면서 공이 나와서 법을 말씀하고 의발과 신발을 전해 주면서 말하기를 "너희 나라 우두산(牛頭山) 서쪽에 불법이 크게 일어날 곳이 있으니, 너희들은 본국에 돌아가 별비보대가람(別裨補大伽藍) 해인사를 세우라" 하고는 다시 묘문 안으로 들어갔다.

두 스님이 신라로 돌아와 우두산 동북쪽으로 고개를 넘고 다시 서쪽으로 내려가다가 사냥꾼들을 만나 "그대들이 이 산을 두루 다녀 잘 알 것이니, 어디 절을 지을 만한 곳이 없던가?" 하고 물었다. 사냥꾼들은 "여기에서 조금 내려가면 물 고인 데(지금의 비로전 곧 대적광전 자리)가 있고 또 거기에는 철와(鐵瓦; 지금은 비로전 지붕에 있음)가 많으니 거기에 가서 보시오" 하고 대답하였

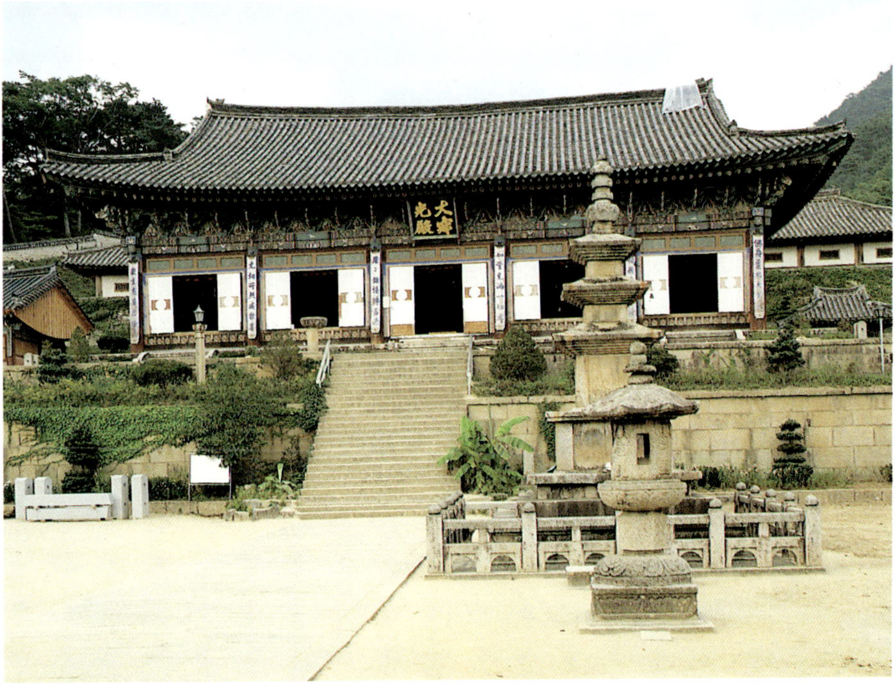

대적광전 해인사는 순응과 이정 두 스님에 의해 창건되었다.

다. 두 스님은 물 고인 곳에 이르러 보니 마음에 흡족하였다. 풀을 깔고 앉아 선정에 들었는데, 이마에서 광명이 나와 붉은 기운이 하늘에 뻗쳤다.

그때 마침 신라 제39대(40대의 잘못임) 애장왕의 왕후가 등창병이 났는데, 어떠한 약을 써도 효력이 없으므로 임금이 신하들을 여러 곳으로 보내어 고승 석덕의 구호(救護)를 찾고 있었다. 사신이 지나가다가 하늘에 치솟는 붉은 기운을 바라보고, 이상한 사람이 있는가 여겨, 산 아래에 이르러 숲을 헤치면서 수십 리나 들어

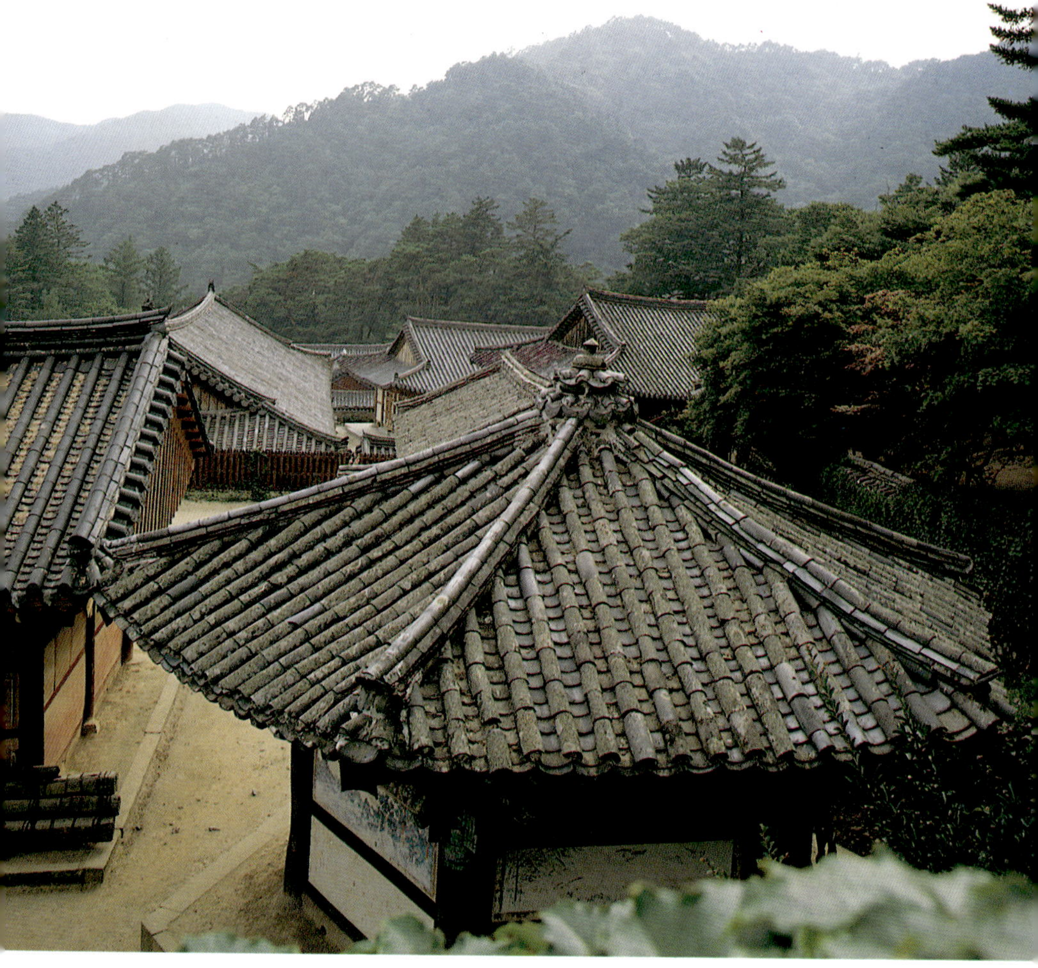

해인사의 지붕선 통도사(불보 사찰), 송광사(승보 사찰)와 더불어 삼보 사찰 가운데 법보 사찰인 해인사는 신라 화엄 십찰 가운데 하나로서 지금도 학승들의 발길이 끊이지 않고 있다.

갔으나 시내가 깊고 골짝이 좁아 더 나아갈 수가 없었다(최치원이 '狂奔疊石吼重巒 人語難分咫尺間 常恐是非聲到耳 故教流水盡籠山'이라고 시를 쓴 곳). 한참 망설이고 있었는데, 때마침 여우가 바위 위로 지나가는 것을 보고 신기하게 여겨 따라가다가 두 스님이 선정에 들어 방광(放光)하고 있는 것을 보았다. 공경하여 예배하고 왕궁으로 함께 가기를 청하였으나 두 스님은 허락하지 아니하였다. 사신이 병난 사연을 말하자, 스님은 오색실을 주면서 이렇게 일렀다. "이 실 한 끝은 궁전 앞에 있는 배나무에 매고, 다른 한 끝을 아픈 곳에 대면 병이 곧 나으리라"고 하였다.

사신이 돌아가 임금에게 여쭈었더니 그대로 시행하였다. 과연 배나무는 말라 죽고 병은 나았다. 임금이 감격하여 나라 사람들을 시켜 이 절을 짓게 하였으니, 때는 애장왕 3년(802) 임오(壬午), 당(唐)의 정원(貞元) 18년이다. 임금이 친히 이 절에 와서 전답 2천 5백 결(結)을 시납하고 경찬(慶讚)하였다.(하략)

이 「가야산해인사고적」은 누구에 의해 지어진 것인지는 알 수 없지만 끝의 '천복팔년계묘시월의판성적(天福八年癸卯十月依板成籍)'이란 간기에 의해 이 글이 고려 태조 26년에 이루어졌다는 것만을 알 수가 있을 뿐이다.

어떻든 이 「가야산해인사고적」과 앞에서 인용한 최치원의 「신라가야산해인사선안주원벽기」의 두 기록을 통하여 해인사의 창건과 그에 얽힌 내용을 다음과 같이 정리해 볼 수가 있을 것이다.

첫째, 서두에서 언급한 바와 같이 해인사는 신라 제40대 애장왕 3년(802) 10월 순응, 이정 두 스님에 의해 창건되었다는 것이다. 이것은 거의 모든 기록과 일치하는 것이다.

둘째, 순응은 신림의 제자였다. 그런데 신림은 의상(義湘)의 제자였으므로 결국 순응은 의상의 손제자가 되는 셈이다. 이런 점에서

「삼국유사」에서 말하는 이른바 화엄 십찰(華嚴十刹)의 하나로 해인사가 포함되는 것은 당연한 것이라고 하겠다.

셋째, 순응은 당나라에 유학을 다녀왔던 스님이었다. 그가 중국으로 건너갔던 때는 대력(大曆) 초년으로 766년의 일이었다. 그러나 순응과 이정 두 스님이 보지공의 제자로부터 「답산기」를 전해 받고 또 이미 250여 년 전에 죽은 보지공으로부터 우두산에 별비보대가람 해인사를 창건하라는 부촉(咐囑)을 받았다고 하는 「가야산해인사고적」의 기록은 이해하기 어려운 내용이라고 하지 않을 수가 없다. 아무래도 이것은 해인사의 창건을 신비화시키고자 한 후세인들 심리적 표현의 결과라고 하겠다.

넷째, 해인사의 창건에는 신라 왕실의 각별한 도움과 후원이 있었던 것을 알 수가 있다. 이에 대하여 「해인사선안주원벽기」에서는 성목왕 태후의 귀의와 대시주(大施主)를 말하고 있고, 「해인사고적」에서는 애장왕비의 난치병 치유가 인연이 되어 애장왕이 크게 도움을 주었다고 하여 양자 사이에 차이가 있기는 하나, 왕실의 도움이라고 하는 점에서는 일치하는 것이다. 애장왕은 서기 800년에 13세의 나이에 왕위에 올랐기 때문에 숙부인 언승(彦昇)이 섭정을 하였다. 그리고 왕 3년에 아찬 김주벽(阿飡 金宙碧)의 딸을 후궁으로 맞아들였고 6년 정월에 비 박씨를 왕후로 했다고 하는 「삼국사기」의 기록이 있으므로 왕 3년에 왕후의 병을 고쳐 주었다는 「해인사고적」의 기록은 납득이 가지 않는다. 그러므로 불심이 강했던 애장왕의 할머니인 성목왕 태후가 해인사 창건의 대시주였다는 최치원의 기록을 따르는 것이 순리일 것으로 생각된다.

중창의 역사

신라 애장왕 3년(802)에 창건된 이후 중창(重創)의 기록은 앞에서 인용한 「신라가야산해인사고적」에 의하면 신라 말(930년경)에 승통 희랑(希朗) 대덕이 고려 태조 왕건의 복전(福田)이 되어, 태조를 도와 전승케 한 공으로 태조의 희사를 얻어 중창했다고 한다. 이제 그 내용을 「신라가야산해인사고적」에서 보면 다음과 같다.

(전략) 신라 말기에 승통 희랑이 이 절에 주지하여 '화엄신중삼매(華嚴神衆三昧)'를 얻었을 때에, 고려 태조가 백제의 왕자 월광(月光)과 싸웠는데, 월광은 미숭산(美崇山)에 있으면서 식량이 넉넉하고 군병(軍兵)이 강하여 태조의 힘으로는 대적할 수가 없었다. 그리하여 해인사에 들어와서 낭공(朗公)을 스승으로 섬기면서 백제를 물리칠 방법을 청하였다. 낭공은 용적대군야차왕(勇敵大軍夜叉王)을 보내어 돕게 하였다. 월광은 금갑(金甲)을 입은 신병(神兵)이 공중에 가득함을 보고 두려워 항복하였다.

그래서 태조는 희랑 스님을 공경하여 받들면서 전지 5백 결을 드리고, 옛 사우(寺宇)를 새로 중건하였다. 산의 모습은 천하에 뛰어나고 지덕은 해동에 으뜸이니 가히 정수(精修)할 만한 곳이며 복리(福利)를 누릴 곳이라 어떻다고 일컬을 수 있으랴. 그리하여 나라의 중요한 문서를 이곳에 두고, 봄가을로 사천왕법석(四天王法席)을 베풀었고 연말에도 기원을 베풀게 하였는데, 재료(齋料)는 진주, 합천 흥안부(興安府) 영내에서 거두어 올리게 하였다. 전각(殿閣)의 수리도 전과 같이 하여 각 고을의 문서 당직은 가조현(伽祚縣)에 두 사람, 야로현(冶爐縣)에 두 사람 그리고 불유(佛油)는 야로현사에서 일년에 서 말씩 내어 늘 등을 켜게 하였다. 이러한 일을 계속하기 위하여 천복 8년(943) 계묘 10월에 판에 새긴다.

이 기록에서 백제 왕자 월광이라 하였는데, 견훤(甄萱)의 아들에 월광이란 이름을 찾을 수가 없다. 그러나 지금 야로현 월광동에 월광사지가 있고, 이 절은 대가야국의 월광 태자가 지었다고 하므로 가야국의 월광 태자와 혼동된 듯하며, 후백제의 왕자는 다른 이름이라고 생각된다.

그 뒤 5백여 년 동안 여러 차례의 중건, 중수가 있었을 터이나 고증할 만한 자료와 문헌을 찾을 수 없어 15세기 말의 조선조 성종시대로 넘어오게 된다. 곧 세조(世祖)의 왕비 정희왕후 윤씨(貞憙王后 尹氏)가 세조의 뜻을 받들어 해인사를 중건하려던 차, 1483년에 정희왕후가 돌아가시자 1488년(성종 19)에 인수(仁粹;세조의 제1자인 덕종비 인수왕후 한씨), 인혜(仁惠;세조의 제2자인 예종의 계비 인혜왕후 한씨) 두 왕대비가 정희왕후의 유지를 받들어 절을 중건하기로 결심하고, 등곡당 학조(燈谷堂 學祖) 스님을 보내어 공사를 감독케 하고 도편수 박중석(朴仲石) 등으로 하여금 대장경판당(大藏經板堂)을 증, 개축케 하는 한편, 대적광전과 여러 당(堂)과 요(寮) 등 160칸을 세워 1490년에 공사를 마쳤다. 이 중건에

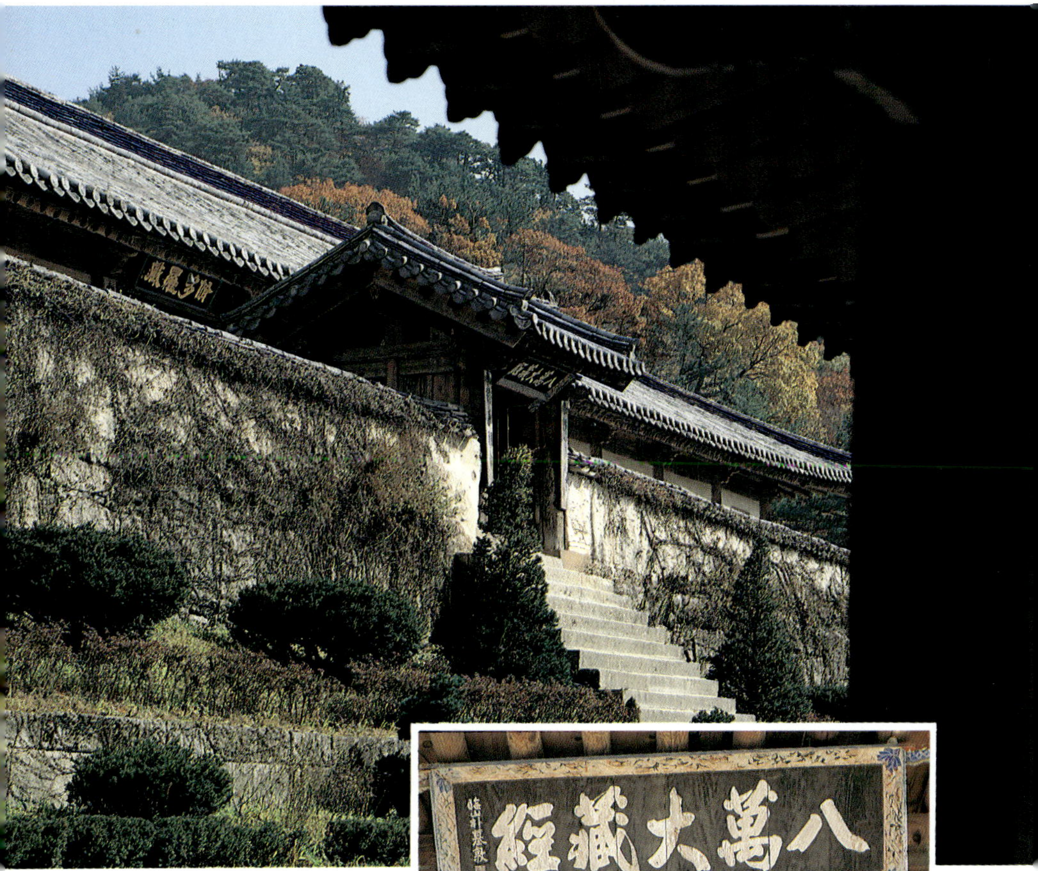

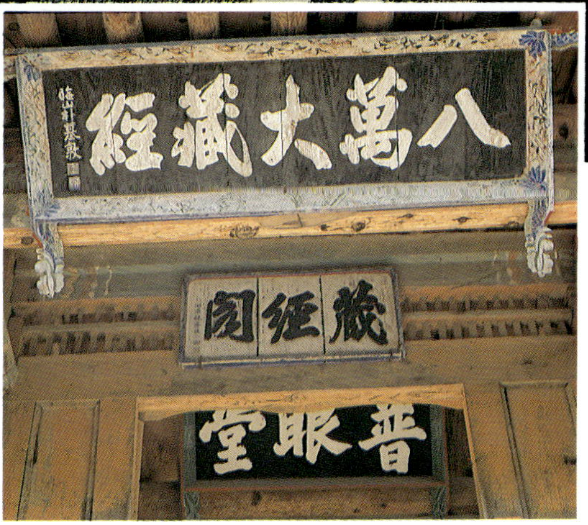

장경각과 현판 고려대장경을 봉안한 장경각은 여러 차례의 화재에도 해를 입지 않은 불가사의한 곳으로서 해인사를 대변하는 건물이다.

대해서는 1491년 조위(曹偉)가 쓴 「해인사중수기(海印寺重修記)」에 아래와 같이 기록되어 있다.

가야산은 동남쪽이 가장 빼어나고 아름다워 높고 가파로운 절벽이 그림과 같다. 산 남쪽에 큰 절이 있으니 이름이 해인사요, 신라 애장왕 때에 고승 순응이 창건한 절이다.(중략) 우리나라 세조 혜장대왕이 왕업을 다시 일으키고 나랏일을 보살피는 여가에 불교에까지 뜻을 두고 경전을 널리 선전하여 군생(群生)들을 구제하려고 천순(天順) 무인년(1458)에 죽헌(竹軒) 스님들을 시켜 이 절에서 대장경 50부를 인출하고, 혜각존자 신미(慧覺尊者 信眉)와 등곡당 학조 등으로 하여금 장경판당을 시찰케 한 결과 비좁고 허술하므로 경상 감사에게 명하여 40여 칸을 다시 짓게 하려 하였다.

12년 뒤에 세조가 세상을 떠나자, 정희왕후가 큰뜻을 정하고 백성을 편하게 하니 깊은 은혜가 사방에 미쳤다. 세조가 장경을 숭배하고 불법을 독실하게 믿었는데, 오래지 아니하여 장경의 판당(板堂)이 기울어졌으니 어찌 놀라지 아니하랴! 이에 중수할 뜻을 두고 신축년(1481)에 주지를 제쳐놓고 학조 스님으로 하여금 절을 맡아 관리케 하더니, 마침 흉년이 들고 나라에 일이 많아 미처 시작하지 못한 채 계묘년(1483)에 정희왕후도 세상을 떠나고 말았다.

그러자 인수왕대비와 인혜왕대비 두 분이 선왕의 뜻을 추모하여 아름다운 덕업을 이어 받으며, 명복을 빌기를 정성껏 하면서 정희왕후의 뜻을 두고 이루지 못한 것을 애달프게 여기어 학조 스님으로 하여금 역사를 감독케 하고, 도료장(都料匠) 박중석 등을 보내어 장경판당을 30칸으로 증, 개축하고 보안당(普眼堂)이라 이름하였다. 그리고 이전 판당 가운데에서 불전(佛殿) 3칸을

대적광전 뒤 장경각 사이

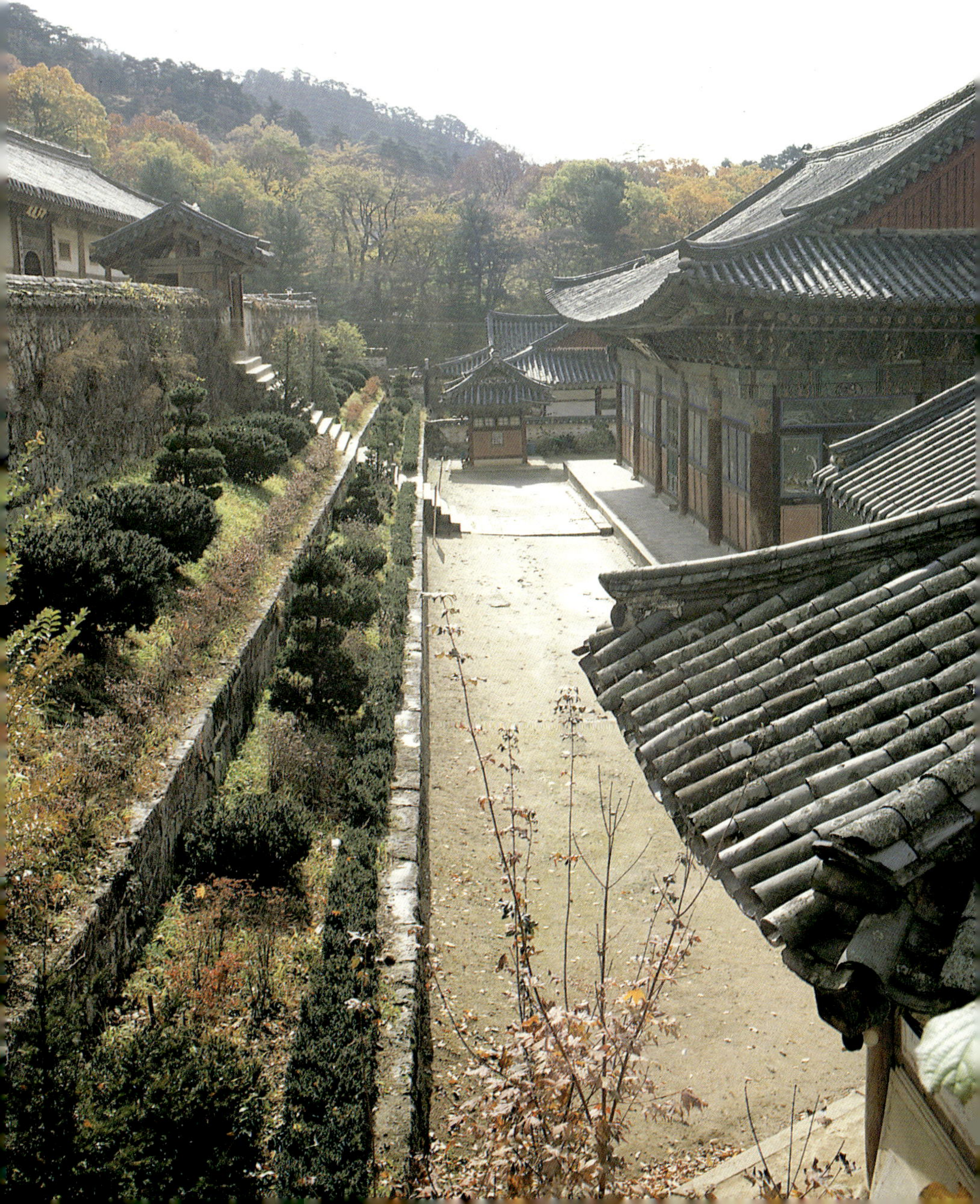

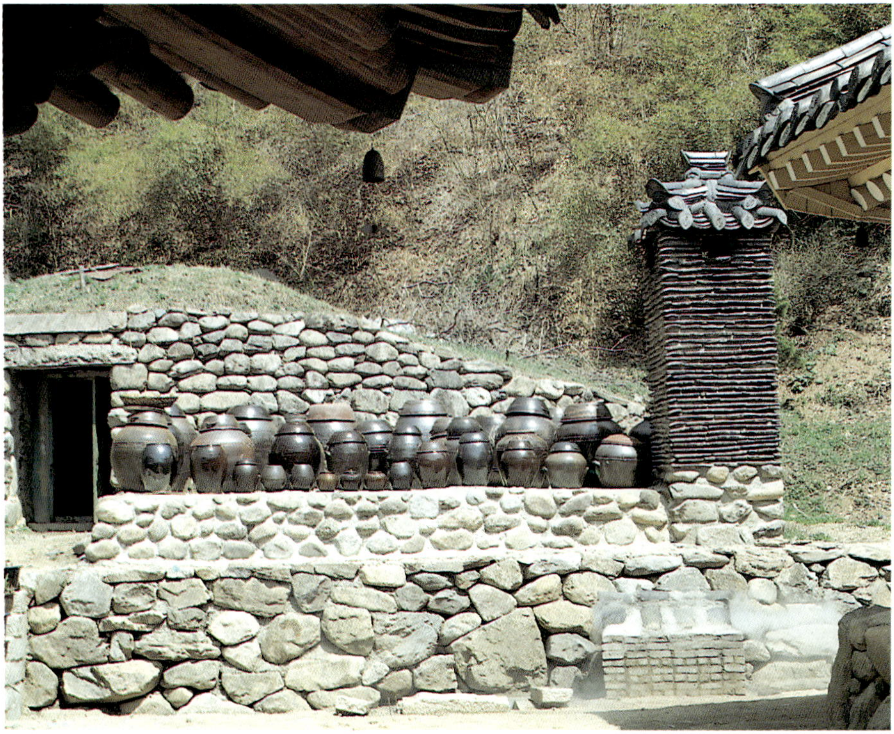

해인사의 치장 굴뚝과 장독대

뜯어 대적광전 서쪽에 옮겨 짓고 진상전(眞常殿)이라 하였으며, 조당(祖堂) 3칸을 뜯어 진상전 곁에 옮겨 짓고 해행당(解行堂)이라 하였다.

이듬해인 기유년(1489) 봄에도 쌀과 포목을 시사(施賜)하고 또 그 이듬해에 시주하여 궁현당(窮玄堂), 탐진당(探眞堂), 감물당(鑑物堂), 쌍운당(雙運堂)과 일원료(一源寮), 곡응료(谷應寮), 총지료(總持寮), 도병료(倒瓶寮) 그리고 강당으로 무설당(無說堂)과 식당으로 만월당(滿月堂)을 지었다. 그 다음해(1490년)에 비로전(毘盧殿)을 다시 지어 대적광전이라 이름을 고치고, 주불과 보처존(補處尊)을 개금하고, 원음루(圓音樓)라는 종루와 불이문(不二門)이라는 중문을 지었다. 또 구 대장전을 뜯어 대적광전 동쪽에 옮겨 짓고 함허료(含虛寮)라 이름하고 「은자대장경(銀字大藏經)」 몇 권을 모시고 또 해설료(解說寮), 소연료(簫然寮), 현감료(玄鑑寮), 원융료(圓融寮), 쌍할료(雙割寮), 호연료(浩然寮), 두원료(逗遠寮), 연기료(緣起寮), 명진료(冥眞寮), 현근료(玄根寮), 달속료(達俗寮), 성행료(省行寮), 중형료(重瑩寮), 전생료(轉生寮), 작숙료(作熟寮)를 짓고, 동서 누고(東西樓庫)를 지었으니, 동은 무진장(無盡藏), 서는 식영(式盈)이다. 무려 집 160칸을 짓되 어떤 것은 낡은 것보다 크게 짓기도 하고, 어떤 것은 작게 짓기도 하면서 규모가 화려하고 정화(精華)롭기는 몇 배나 더했으며, 공수간(供需間), 목욕탕, 헛간, 변소라든가 동종(銅鍾), 목어(木魚), 요발(鐃鈸), 대고(大鼓) 따위도 모두 갖추어 새롭게 하였고, 금벽색(金碧色)의 단청이 산곡을 휘황찬란케 하였다. 역사를 마치고는 9월 보름에 고승 대덕 수천 명을 초청하여 법회를 굉장하게 베풀어 낙성하니 산문의 할 만한 일이 비로소 끝났다.

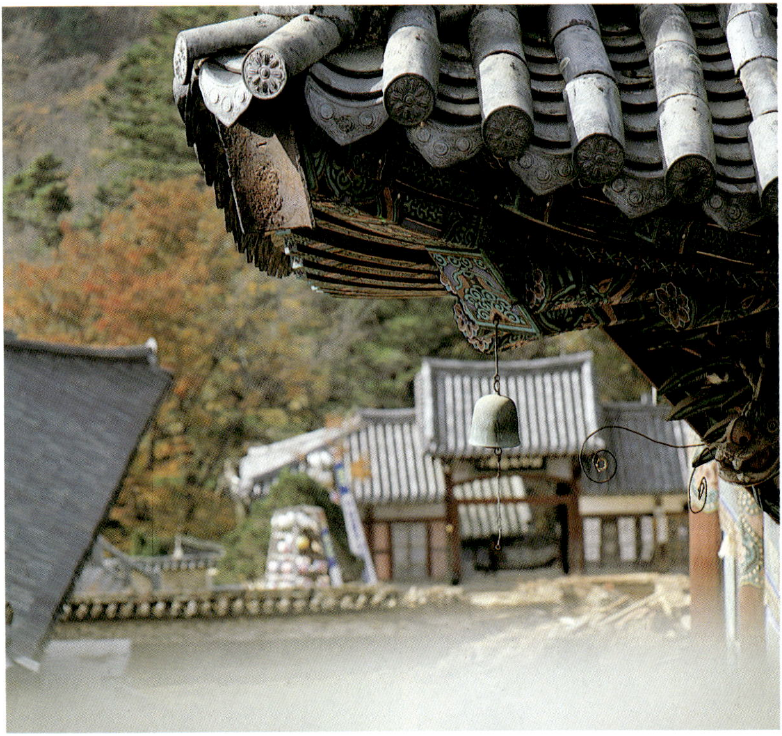

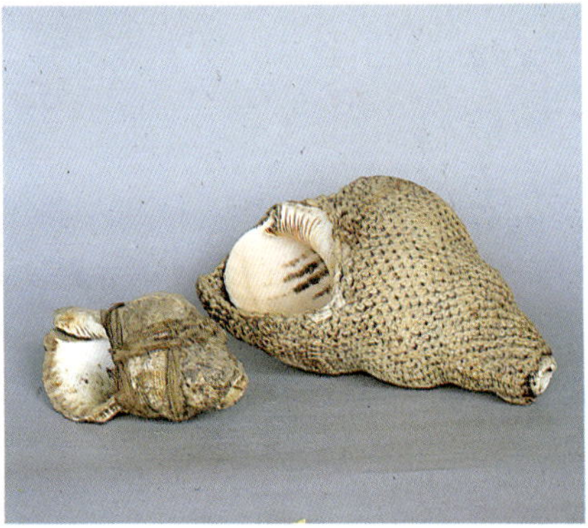

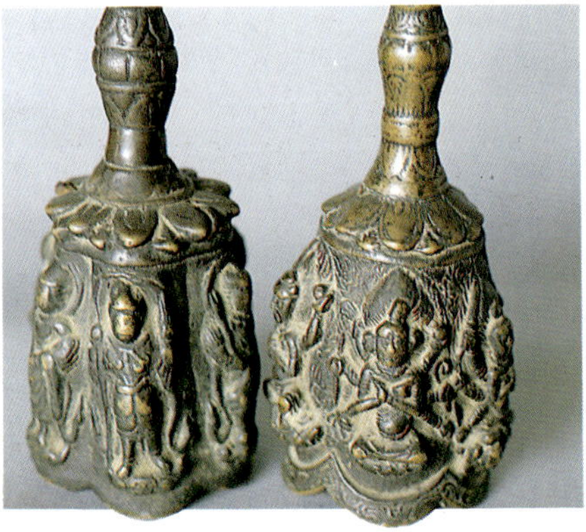

풍경 (위)
법라 대중을 모으는 신호로 사용한 고동이다.(아래 왼쪽)
요령 법요에 사용되는 도구로서 신장상이 조각되어 있다.(아래 오른쪽)

등곡 대사는 내가 해인사에 다녀간 적이 있어, 그 대개를 잘 안다고 생각하고 사람을 보내어 「중수기(重修記)」를 구하거니와, 나는 본시 유자(儒者)로서 불교에 대해서는 어두운 사람이므로 선근을 닦아 복을 심는 이치와 윤회 보응(輪廻報應)하는 인과를 알지 못하거니 그 밖에 공덕이 있고 없음을 어떻게 말하랴. 그러나 최문창(崔文昌)은 동국문사(東國文士)의 시조로서 여기에서 여생을 마친 곳이므로 여기에 뜻을 두어야 할 것이고, 더구나 두 전하께서 선왕, 선후와 뒤에 오는 후손들을 위한 간절한 정성은 마땅히 기록하여 후세에 전해야 할 것이며, 전하의 뜻을 받들어 부지런히 일을 시키며, 크고 작은 계획을 잘 알아서 공사가 빨리 끝나게 한 데는 감독하는 사람을 옳게 만난 것이니, 이러한 사실은 잘 기록하여 옛날 순응 대사의 공적과 함께 후세 사람에게 전하지 아니할 수 없는 일이다.

생겨나고 망가짐이 운수라 하거니와, 이 절이 당의 정원 18년(802)에 처음 지어져 신라와 고려를 지내도록 그 많은 변화에도 우뚝하게 보존되었다가, 오늘날 태평스런 시절에 두 전하의 고마운 은혜로 말미암아 여러 건물들이 새롭게 중건된 일은 운수가 있다고 아니할 수 없으며, 또 해인사의 큰 다행이 아닐 수 없다. 생겨나고 망가지는 운수가 하늘에 달렸는지 사람에게 매였는지는 모르거니와, 성쇠 흥망이 끝없는 이 세상에서 이 절이 언제까지나 오늘과 같을 것을 무엇으로 보장하랴. 뒷날에 이 절에 있는 이들은 마땅히 두 전하의 독실한 효성과 등곡 스님의 경영하던 수고를 항상 잊지 않고 더욱 수도, 교화하여 성쇠의 운수에만 맡기지 말아야 할 것이다.

홍치(弘治) 4년(1491) 신해 상한(上澣)에 통정대부 승정원 동부승지 겸 경연참찬관 춘추관수찬관 창녕 조위(通政大夫 承政院 同府承旨 兼 經筵參贊官 春秋舘修撰官 昌寧 曹偉)는 기하노라.

이 기록을 보면 비록 해인사의 창건은 802년에 순응 대사에 의해 이룩되었지만, 해인사의 역사상 큰 획을 긋는 중건은 바로 1490년 인수, 인혜 두 왕대비의 후원으로 학조 대사가 중창한 이 불사라고 할 수가 있겠다. 그것은 창건 이래 1천 1백여 년에 걸친 역사상 이 중창이 가장 규모가 큰 중건이었고 면목을 일신한 것이어서 오늘날의 해인사 가람 배치의 틀이 이때에 이루어졌다고 보기 때문이다.

학조 대사가 중창한 지 205년 뒤인 1695년(숙종 21)에 불이 일어나 동쪽의 여러 요사와 만월당, 원음루가 소실됨에 뇌음당 경연(雷音堂 敬演) 선사가 주선하여 중건하였다. 그러나 불행하게도 그 다음해인 1696년(숙종 22) 병자에 또 화재가 발생하여 서쪽 여러 요사와 무설전이 타버리자 뇌음당 경연 선사가 화주가 되어 다시 지었다.

1743년(영조 19) 계해에 다시 불이 일어나 대적광전 앞 큰 축대 이하 수백 칸의 당우가 소각됨에 당시 경상도 관찰사인 김상성(金尙星, 1703~1755년)의 도움으로 능운당 일종(凌雲堂 一宗) 선사가 중건하였다.

1763년(영조 39) 계미에 또 화재가 발생하여 김상성의 사촌 동생인 그때의 관찰사였던 김상철(金尙喆, 1712~1791년)의 협조로 설파당 상언(雪坡堂 尙彥) 대사가 중건하였다.

영조대의 일종 선사와 상언 대사의 중건에 관하여는 아래와 같은 「해인사사적비(海印寺事蹟碑)」가 있다.

> 합천군에서 북쪽으로 80리 되는 곳에 가야산 해인사가 있으니, 신라 애장왕 때에 고승 순응이 창건하였다. 고려 문종 때에 대장경판을 모셨고, 우리나라 혜장대왕(惠莊大王, 세조)이 무인년(1458)에 대장경판각을 중수하고 장경을 인출하였으니, 이 절의 소중함이 다른 절에 견줄 바가 아니다.

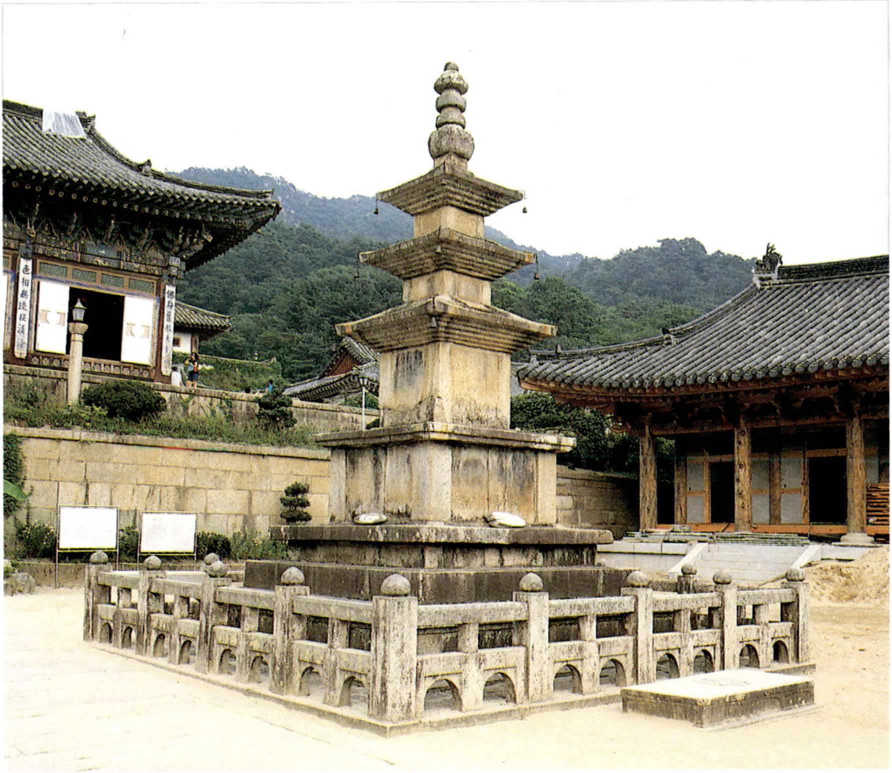

정중 3층석탑 대적광전 앞에 있는 이 3층석탑은 신라 석탑의 일반형에 속하는 우수한 작품이었으나 1926년 중수할 때 그 조화를 깨뜨려 투박한 난간을 둘러 세우고 3성 기단을 이루고 있다.

성상(聖上, 영조) 19년 계해(1743년)에 큰 축대 아래 수백 칸이 모두 불탔다. 그때의 관찰사 김상성이 돈을 희사하고, 계획을 세워 복구하였고, 그 뒤 20년을 지나 계미년(1763)에 또 불탔으므로 공의 당제(堂弟) 상철이 또한 관찰사가 되었다가 돈을 내고 설계하기를, 그 전보다 곱하여 한 초막보다도 더 쉽게 복구하였다.

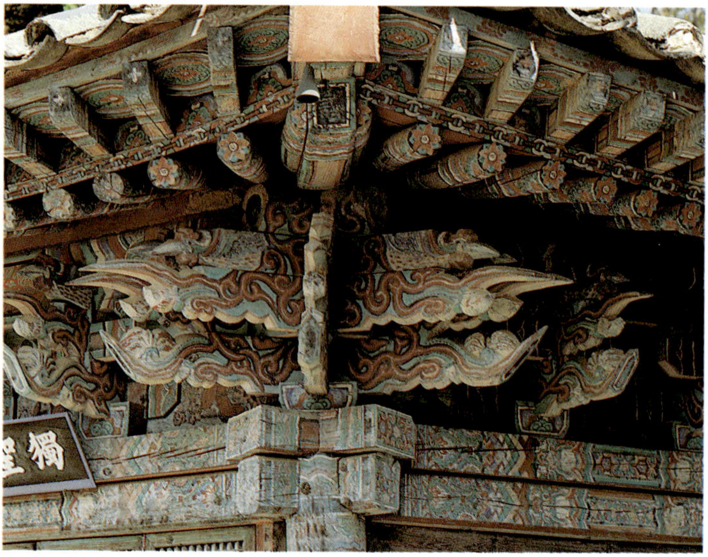

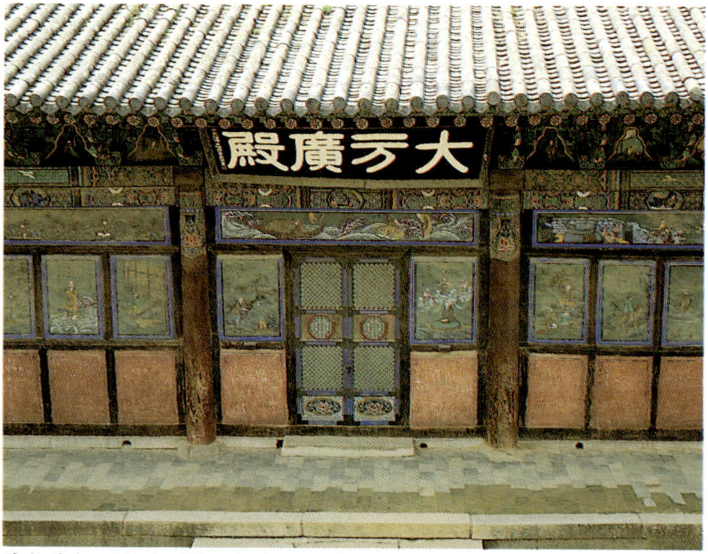

독성각 처마 명부전 서북쪽에 있는 6각형의 특이한 건물로, 기둥 위에는 창, 평방을 두르고 그 위에 복잡한 살미초로 장식하였다.(위)
대적광전 뒷면의 대방광전 편액(아래)

대개 선왕의 실적을 간직한 곳으로서 계해, 계미의 두 해에 김씨 두 분 관찰사가 오게 된 것은 그 사이에 무슨 인연이 있지 아니한가. 생각하면 하늘이 두 분을 보내어 시킨 것일지니, 이 글을 쓰게 됨에 무엇이라 말할 수가 없다. 산이 기묘하고 절이 훌륭한 것은 조매계(曹梅溪 곧 조위)의「해인사중수기」에 기록되었기에 그것은 그만 둔다. 명(銘)을 지어 이르되, 이 절이 보존되기 아마도 국은(國恩)일세.

바라건대 이 비석이 하늘같이 늘 있기를…….

숭정(崇禎) 기원후 3년(1769) 기축(己丑) 6월 운객 유기(雲客有璣) 지음

그로부터 다시 17년 뒤인 1780년(정조 4) 경자(庚子) 1월 8일 무설전에서 불이 일어나 일부 건물을 태웠는데, 1784년에 성파당 염초(聖坡堂 念初) 대사가 중건하였다.

1817년(순조 17) 정축(丁丑) 2월 1일에 화재가 발생하여 삽시간에 수백 칸의 불당과 10여 방의 요사가 전소됨에, 제월당 성안(霽月堂 聖岸) 대사가 도화주(都化主)가 되고 경상 감사 김노경(金魯敬)이 사재 만 냥(萬兩)을 쾌척하고, 경상도 70주의 군수들로부터 만 냥을 모금하며, 당시 합천군 서봉보(徐鳳輔)의 천 냥과 기타 성금을 모아 전곡도감(錢穀都監) 영월당 혜견(影月堂 惠堅)과 연월당 계연(淵月堂 啓淵) 두 스님의 주선으로 승료(僧寮)를 먼저 세운 다음 대적광전을 짓기 시작하여 1818년 6월 21일에 상량하였다. 당시 해인사의 주지는 진숙(眞淑), 도화주는 제월당 성안, 도감은 회은당 승혜(晦隱堂 昇慧)를 비롯하여 366명의 산중 대중의 명단이 '양간록(樑間錄)'에 기록되어 있다.

1871년(고종 8) 신미(辛未)에 법성료에서 불이 일어나 그 건물이 전소되었다. 그러나 6년 뒤인 1876년 2월 퇴암(退庵) 스님이「해인

사실화적(海印寺失火蹟)」을 찬술할 때까지 아직 복구되지 않았다고 기록하고 있다. 이제 「해인사실화적」을 소개하면 다음과 같다.

일기(一氣)가 처음 흘러 천지가 생긴 뒤로 이치는 변함이 없으나, 사실은 항상 변천함에 성쇠하는 운수가 그 사이에 왕래함을 어느 물건치고 아니 받을 수 있으랴. 이 해인사는 당의 정원 18년 임오에 신라 애장왕의 창건으로, 고려 초기에 대장경판을 모셔두었고, 명나라 홍무(洪武) 계유(癸酉, 1393년)에 우리나라 태조대왕이 고탑을 중수하면서 장경을 인출하여 모시고 발문(跋文)을 친히 찬술하셨다. 천순(天順) 무인(戊寅, 1458년)에는 세조대왕이 장경 50부를 인출하고 판당을 중수하였으며, 사우(寺宇) 천여 칸을 창설하여 매우 성대하였다. 그러다가 강희(康熙) 34년 을해(乙亥, 1695년)에 우연히 불이 일어나서 동쪽의 여러 요사와 만월당, 원음각이 타버렸고, 이듬해 병자년 봄에 또 화재가 발생하여 서쪽의 여러 요사와 무설전 등이 불타고, 건륭(乾隆)의 계해(癸亥, 1743년)와 계미(癸未, 1763년)와 경자(庚子, 1780년)에 연달아 불이 나니, 그럴 때마다 인연있는 이가 계속하여 복구하였으므로 전날의 규모가 사라지지 아니하였다.

가경(嘉慶) 22년 정축(丁丑, 1817년)에 다시 큰불이 나서 수천여 칸의 건물이 모두 타버렸는데, 그때의 관찰사 김노경이 계획을 세우고 영월, 연월 스님네가 중건하였으나 운수가 나빠 전날의 규모를 그대로 복구하지는 못하였다. 동치(同治) 10년 신미(辛未, 1871년)에 법성료가 불탔으나 아직 다시 짓지 못하고 있으니, 인연있는 이를 기다리는 셈인가? 애달프다! 강희(康熙, 1695년)로부터 동치(同治, 1871년)까지 몇 백 년이 못 되어 일곱 번이나 화재가 있었으나, 장경각만은 그대로 보전되었으니 이것이 "사실은 변천하지만 이치는 변하지 않는 것"이라 할까. 이제 사적(寺

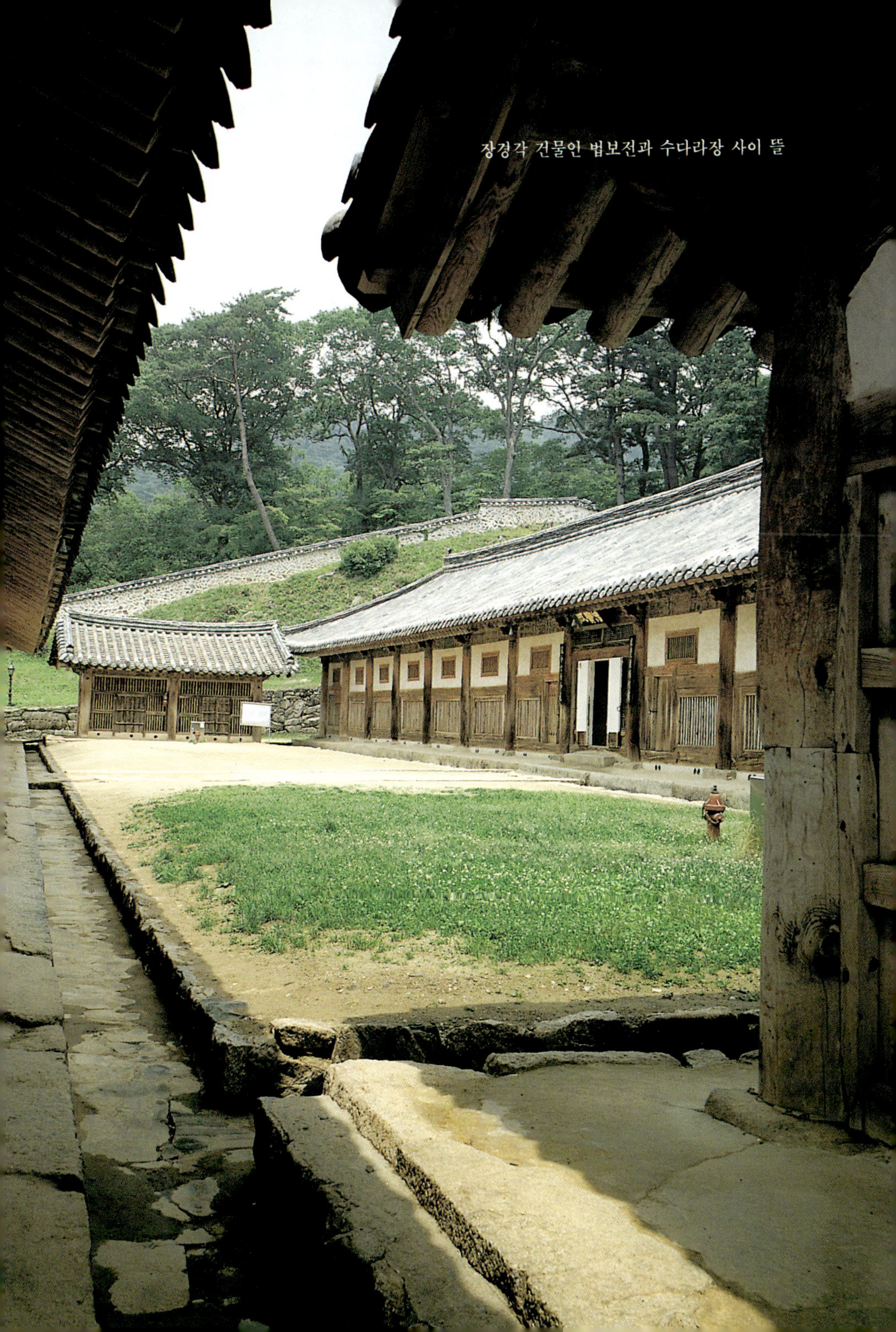

장경각 건물인 법보전과 수다라장 사이 뜰

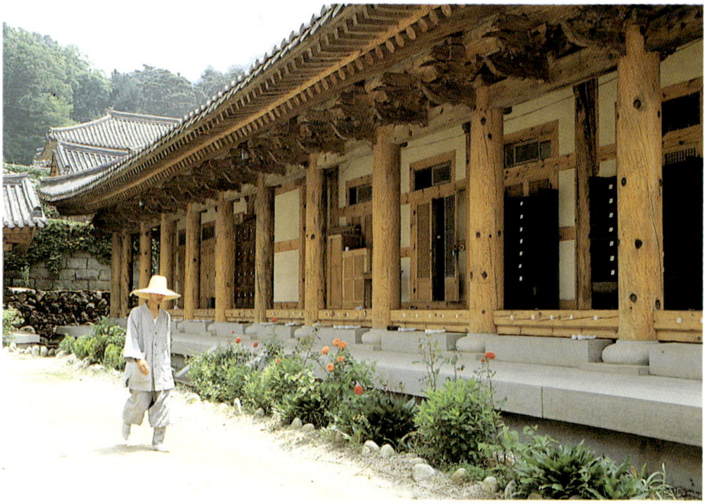

해인사 승가대학 건물인 궁현당

蹟)을 중간(重刊)함에 당해서 중간 사실이 빠질까 염려하여 흩어진 문적(文籍)을 모아 이렇게 기록하여 옛사람의 쉰 밥맛에 부치고자 하노라.

동치 13년 갑술(1874) 2월 연파문인 퇴암(蓮坡門人 退庵) 적음

앞에서 1490년 학조 대사의 중창이 해인사의 역사상 큰 획을 긋는 불사였다고 하였는데, 그 이후 숙종 21년(1695)부터 고종 8년(1871)에 이르는 176년 동안 무려 일곱 번의 크고 작은 화재가 발생함으로써 이제 그 당시의 웅장했던 규모는 찾을 길이 없게 되었다. 그리하여 오늘날과 같은 해인사의 모습은 순조 18년(1818)에 중건된 것이 근간이 되고 있어서 이때의 중건은 해인사의 중건 사상 두번째의 획을 긋는 불사였다고 하겠다.

해인사 배치

해발 1,430미터의 깎아지른 듯이 높고 경관이 좋은 가야산 서남쪽 중간 움푹하게 들어간 대지 위에 서남향의 가람을 형성하여 배치하고 있다. 절 입구에서 맑게 흐르는 큰 개울을 서쪽으로 두고 계곡을 따라 올라가면 일주문 근처에 이르러서 우측으로 근래에 세운 사적비와 함께 조선시대의 불망비(不忘碑)들을 한데 모아 정리한 석비군이 있고 그 앞 도로 양측에는 작은 간지주석(竿支柱石)이 있어 이곳을 지나면 곧이어 3층석탑과 비각을 볼 수가 있다. 이 석탑은 경남 유형문화재 제253호인 신라 말 길상탑(吉祥塔)이고 또 그 옆 약 20미터 떨어져 비각 안에 보존되어 있는 비는 보물 제128호인 고려시대의 반야사(般若寺) 원경 왕사비(元景王師碑)이다. 이곳을 지나면 작은 연못과 그것을 끼고 우측으로 돌아 계곡을 따라 오르는 길과 다시 좀 떨어져 차도와 갈리게 되고 여기서 우측으로 바로 꺾여 오르는 길이 있고 왼편에 간주석과 오른편에 좀 떨어져 신라 말이나 고려 초의 것으로 보이는 당간 지주가 우뚝 서 있다. 여기서 경사진 길을 따라 '伽倻山海印寺(가야산해인사)'란 현판을 단 일주문에 도달하게 된다. 따라서 절은 여기서부터

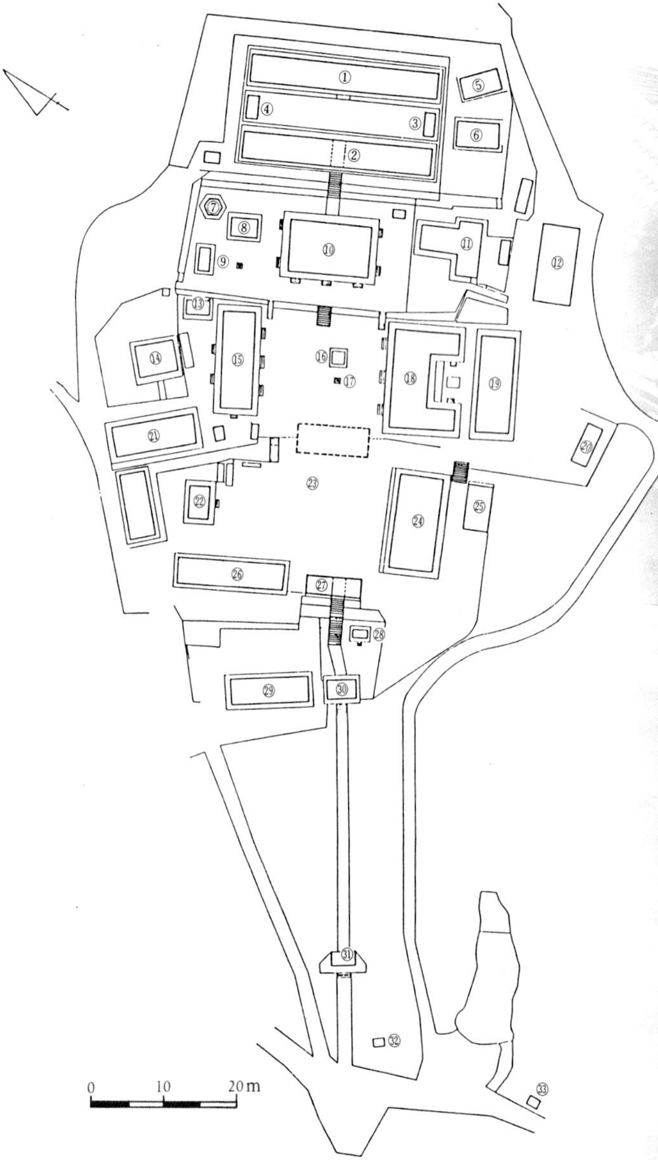

해인사 배치도(1992. 12. 李相海 教授 實測)

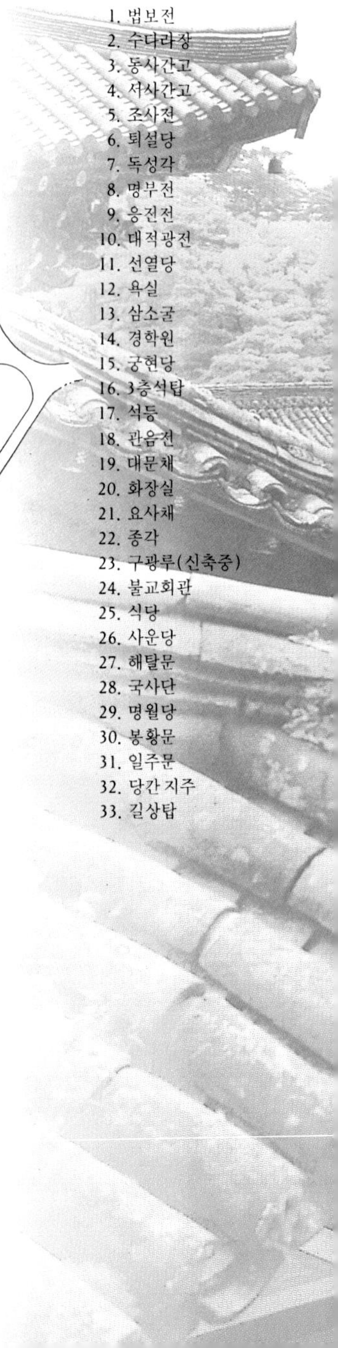

1. 법보전
2. 수다라장
3. 동사간고
4. 서사간고
5. 조사전
6. 퇴설당
7. 독성각
8. 명부전
9. 응진전
10. 대적광전
11. 선열당
12. 욕실
13. 삼소굴
14. 경학원
15. 궁현당
16. 3층석탑
17. 석등
18. 관음전
19. 대문채
20. 화장실
21. 요사채
22. 종각
23. 구광루(신축중)
24. 불교회관
25. 식당
26. 사운당
27. 해탈문
28. 국사단
29. 명월당
30. 봉황문
31. 일주문
32. 당간 지주
33. 길상탑

명부전 앞 3층석탑을 중심으로 바라본 해인사 풍경

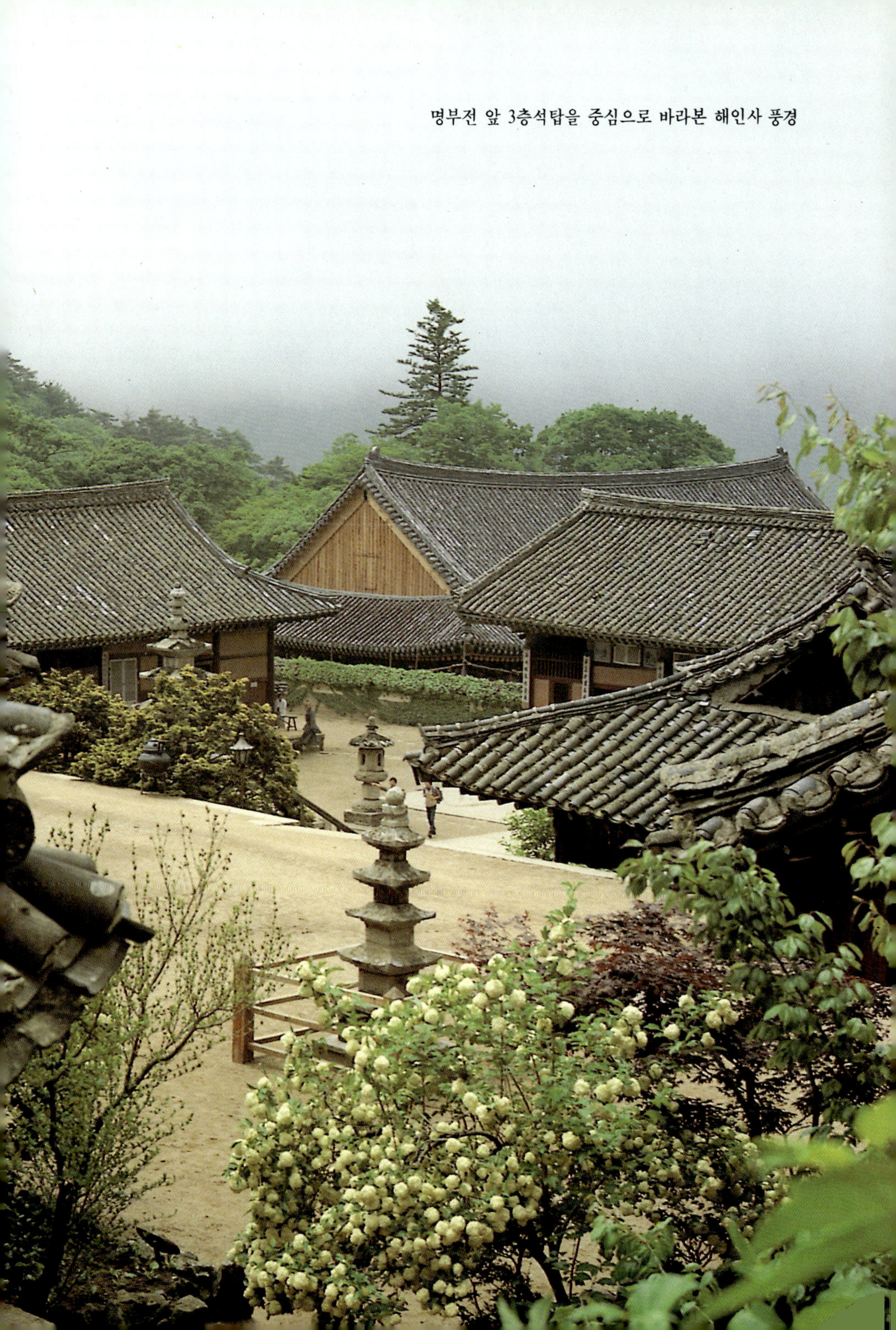

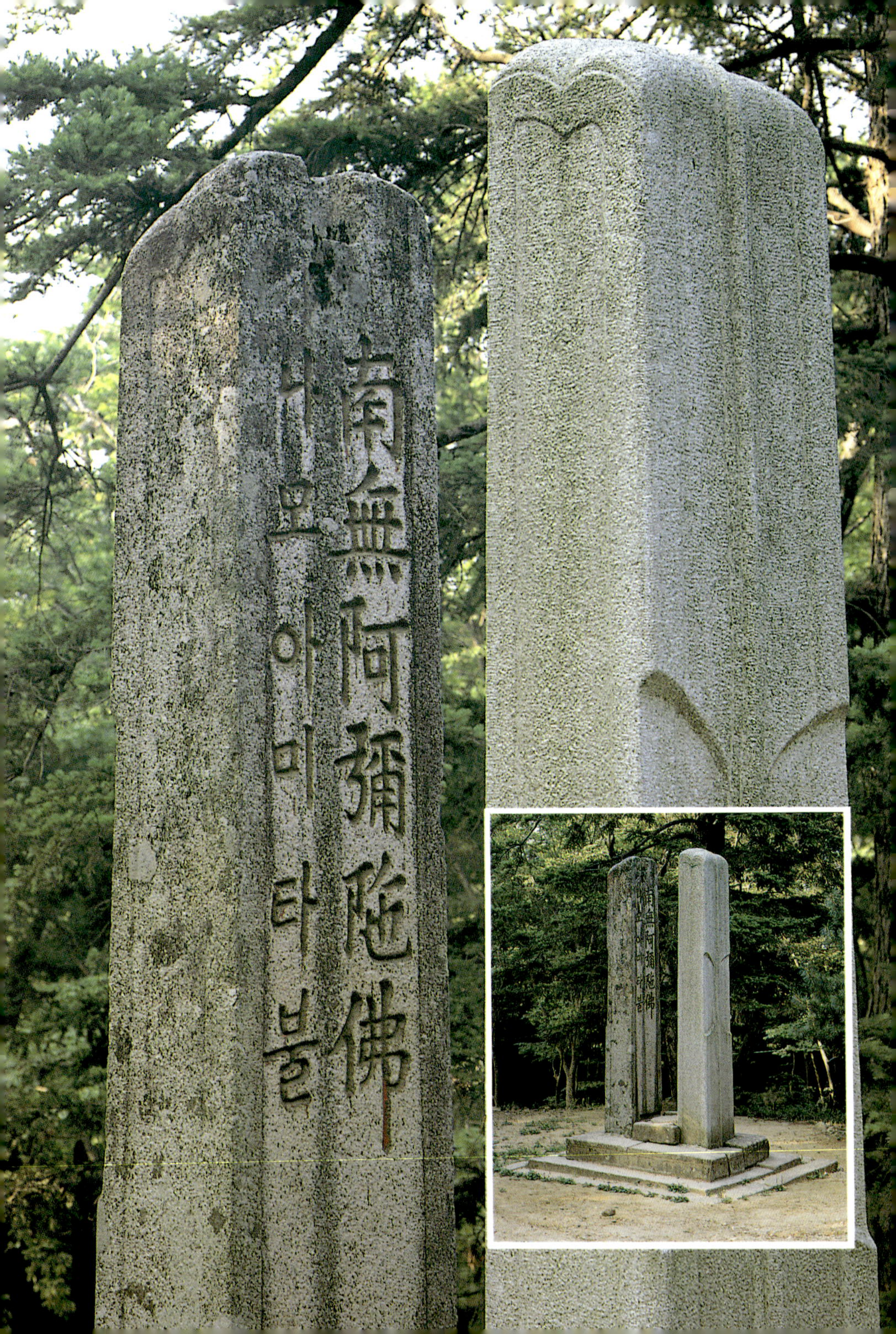
南無阿彌陀佛
나모아미타불

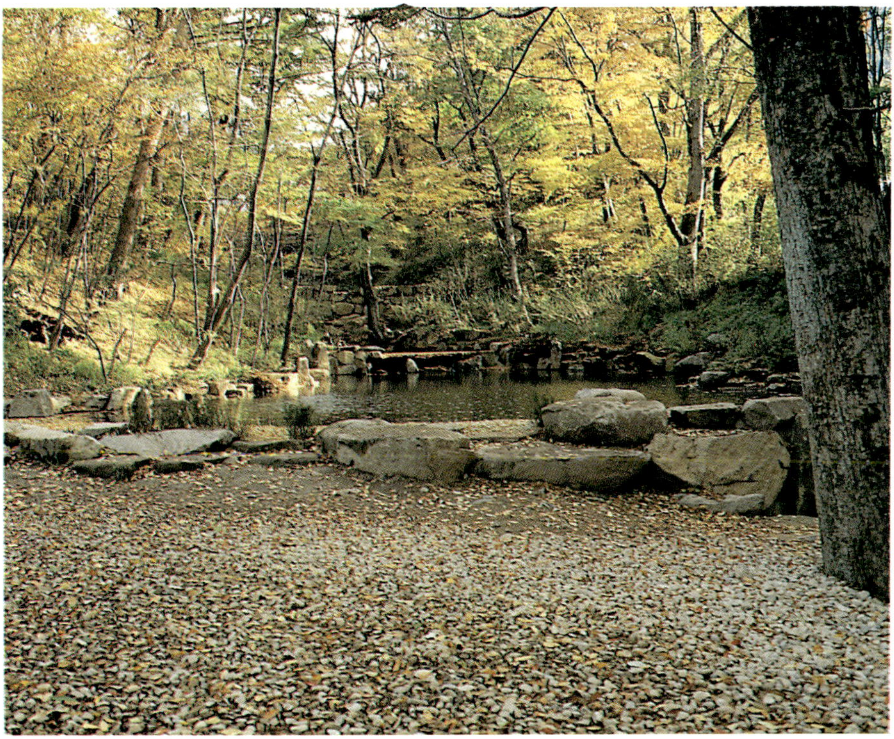

당간 지주 해인사 입구에 위치한 당간 지주는 현재 당간은 없어지고 지주만 남아 있으며 나말 여초의 제작으로 추정된다.(옆면)
일주문 옆의 영지(위)

시작되어 여기서 약 100미터 가까이 올라가면 정면 3칸 집의 사천왕문인 봉황문(鳳凰門)이 있고 그 뒤로 오른편에 놓인 국사단(局司壇)을 지나 두어 참을 둔 높은 계단을 오르면 출입을 위한 한 칸 솟을문으로 만든 정면 6칸의 해탈문(解脫門)에 들어서게 된다.

해탈문에는 '海東圓宗大伽藍(해동원종대가람)'이란 현판을 달았는데 이 문을 지나면 넓은 평지가 전개되고 맞은편에 높게 중층으로 놓인 정면 7칸의 구광루(九光樓)가 보이고 뜰의 좌측에는 근래에 새로 세운 범종루(梵鍾樓)가 있어 그 내부에 범종과 법고를 두고 이 누의 반대편 오른쪽에는 불교 회관이 있다. 해탈문의 북서쪽 곁에는 종무소로 사용중인 사운당(四雲堂)이 있고 범종루 뒤 북쪽과

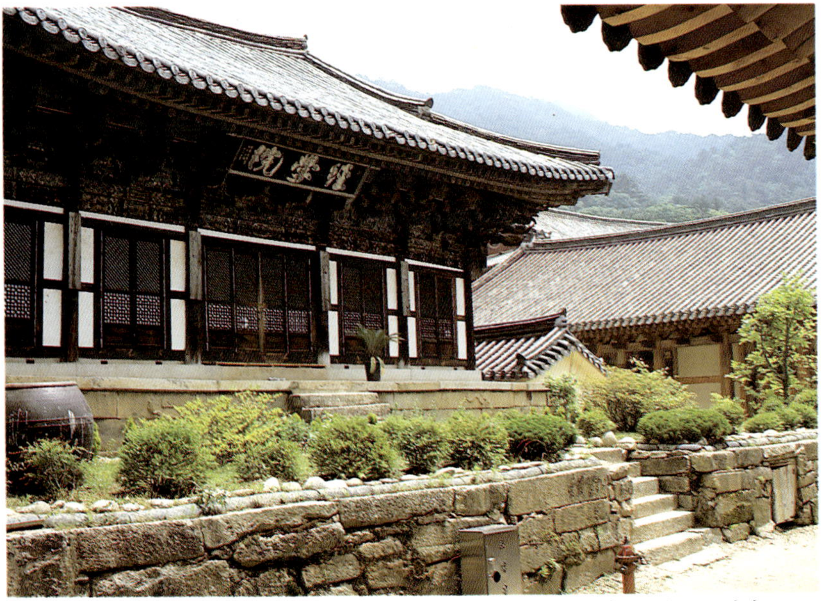

경학원 경홍전이라고도 불리는 이 건물은 정면 5칸, 측면 4칸의 팔작지붕으로, 현재는 도서실로 사용되고 있다.

북동쪽 높은 지대에는 요사채의 건물들이 배치되어 있다.

구광루에는 7언율로 된 시를 실은 주련을 걸고 얼마 전까지만 해도 동측의 제2칸 밑으로 계단을 올라 대적광전(大寂光殿) 앞뜰로 들어설 수 있게 되었으나 지금은 이 계단을 철거하고 누의 양측으로 돌아가도록 수리중에 있다. 양옆에 있는 문들은 출입을 원활히 하기 위하여 근래에 새로 세운 협문들이다.

구광루를 지나 계단을 올라서면 네모 반듯한 안뜰이 전개되고 눈앞에 바로 3층석탑이 우뚝 놓여 있고 그 뒤로 높은 축대를 2단으로 쌓은 대지 위에 대적광전을 앉혔다. 석탑은 2중 기단과 5단의 옥개 받침을 둔 전형적인 통일신라시대의 석탑이지만 1926년 중수할 때 기단을 확장하여 높이고 주위에 육중한 돌난간을 둘러 균형을 깨뜨렸다. 대적광전 앞의 축대 역시 이 시기를 전후하여 다시 쌓은 것으로 추정이 된다.

또 석탑 앞에 놓인 석등은 화사석(火舍石;등불을 넣는 곳)에 천왕상 등을 부조하고 앙련(仰蓮)과 복련(覆蓮)에 복화판(複華瓣) 조각을 한 통일신라시대의 것으로 추정되지만 간주석(竿柱石) 등 일부 부재가 새로 보완되어 몽땅하게 균형을 잃은 것이다.

석탑을 바라보며 좌측변에는 정면 11칸이나 되는 장방형의 선불장인 궁현당(窮玄堂)이, 그 맞은편 우측변에도 장방형의 관음전을 새로 중건하여 배치하였다. 이들은 모두 근래에 다시 세운 것으로 연화를 붙인 쇠서로 주삼포(柱三包)를 짜았는데 평방이 없이 공간포를 둔 다포 형식으로 특이하다.

궁현당 뒤편에는 경학원(經學院)이 축을 달리하여 놓여 있다. 대적광전의 서북편에는 명부전(冥府殿), 응진전(應眞殿), 독성각(獨聖閣) 등의 작은 건물들이 옹기종기 놓였는데 특히 독성각은 평면이 6각으로 되어 있다. 또 대적광전 동남편에는 평면이 T자인 응향각(凝香閣)과 선열당을 내담을 경계로 두었다.

단층으로 된 대적광전의 뒤쪽에는 지대석(地臺石)과 면석(面石) 그리고 갑석(甲石)의 짜임 형식으로 2단의 화계단(花階壇)을 가로 길게 놓고 그 위에서 다시 큰 자연형 석재를 쌓아 만든 축대 위에 담장을 막아 둘렀다. 이 담장 안에는 고려팔만대장경판을 보존한 대장경판전을 이상적으로 배치한 우리나라에서 가장 귀중한 국보가 있는 곳이다.

대적광전 뒤 밑에서부터 가파른 돌계단을 올라 '八萬大藏經(팔만대장경)'이란 현판을 걸은 대문을 들어서면 바로 '脩多羅藏(수다라장)'이란 현판을 걸은 동서로 길게 뻗은 경판장을 면하게 된다. 이 건물 중앙의 통행문을 지나면 장방형의 뜰에 들어서게 되고 그 뜰을 건너 다시 같은 규모의 법보전(法寶殿)이 약간 높게 나란히 놓여 있음을 볼 수 있다. 뜰의 좌우 끝에는 작은 규모의 경판장(東,西寺刊庫)이 서로 마주보고 있다. 이 장경판장의 동측 담장 밖에는 퇴설당(堆說堂)과 해행당(解行堂)이 있는데 이들은 지금 방장으로 사용되고 있다. 또 경판장 경내의 서북 귀퉁이에는 경판을 경비하는 경비실을 두고 있다.

이상의 가람 배치를 다시 간추려 설명하면 해인사는 서남향을 한 가람에 가장 높은 지대에 놓인 경판전과 그 밑의 지형을 따라 낮아지는 대지 위에 건물을 배치하였다. 경판전과 대적광전을 중심축에 맞추어 배치하고 그 밑에 있는 석탑과 석등 그리고 구광루와 해탈문은 축선을 약간 옆으로 옮긴 위치에 자리하고 봉황문과 일주문은 향을 약간 바꾼 축선상에 놓인다.

법보전에서 밑의 해탈문까지는 대체로 방향을 같이한 배치이며 이들 배치축의 좌우로 부속된 불전이나 승방 등을 배치하여 지금은 대부분의 건물이 조선 후기에 중창한 것으로 조선시대의 가람 배치를 나타내고 있다. 그러나 서울 간송미술관에 소장되어 있는 겸재(謙齋 鄭敾, 1675~1759년)의 해인사 그림에는 대적광전이 2층으

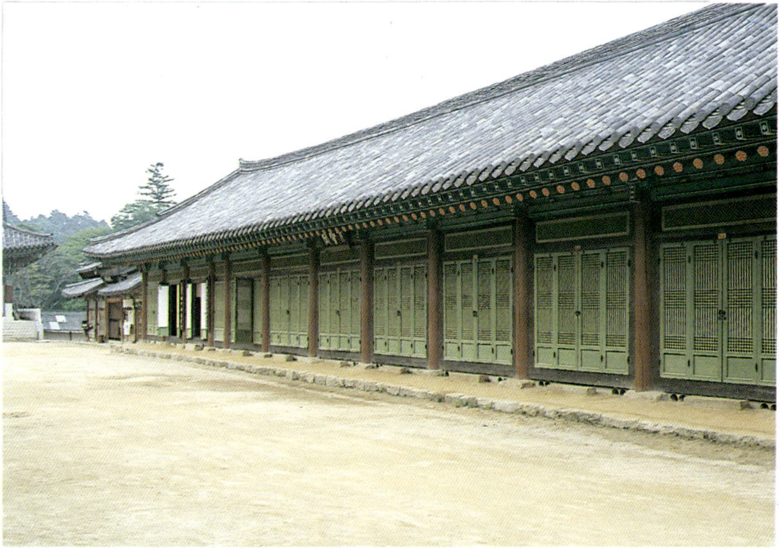

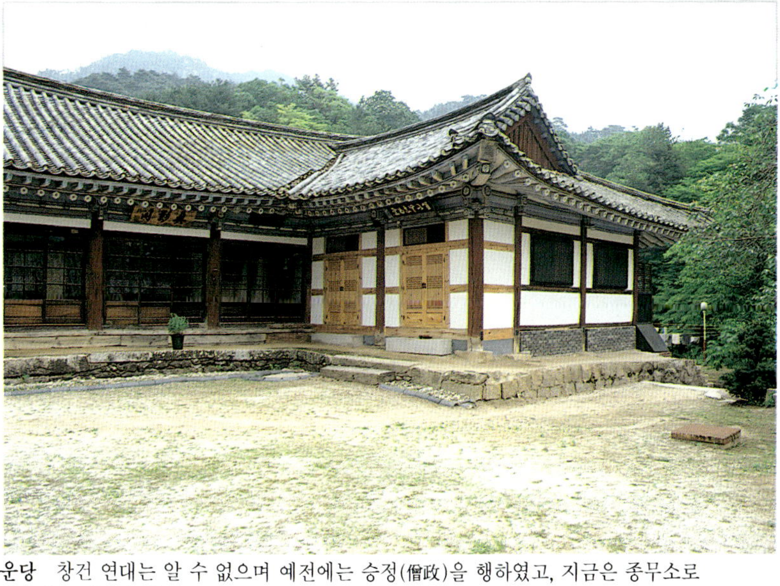

사운당 창건 연대는 알 수 없으며 예전에는 승정(僧政)을 행하였고, 지금은 종무소로 사용되고 있다.(위)
응향각 고경 스님이 1936년 건립한 건물로 현재는 선원으로 사용한다.(아래)

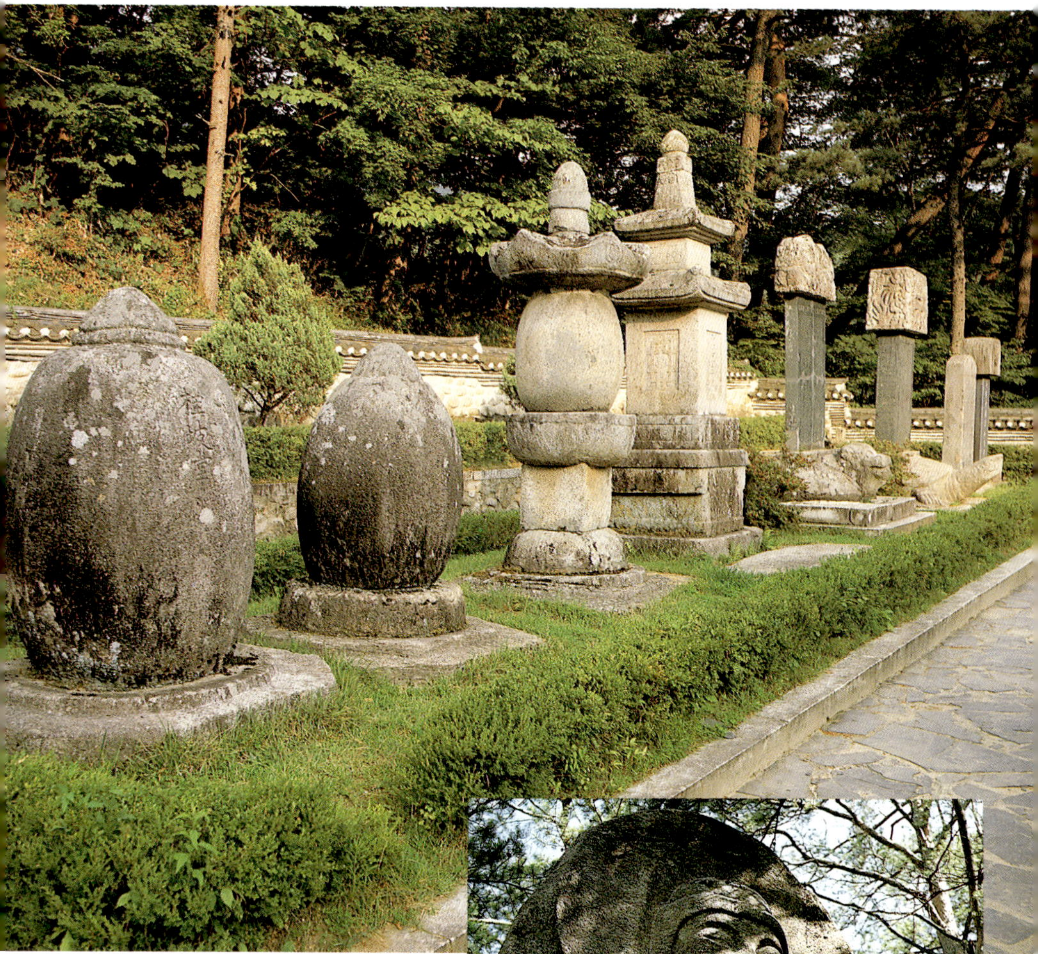

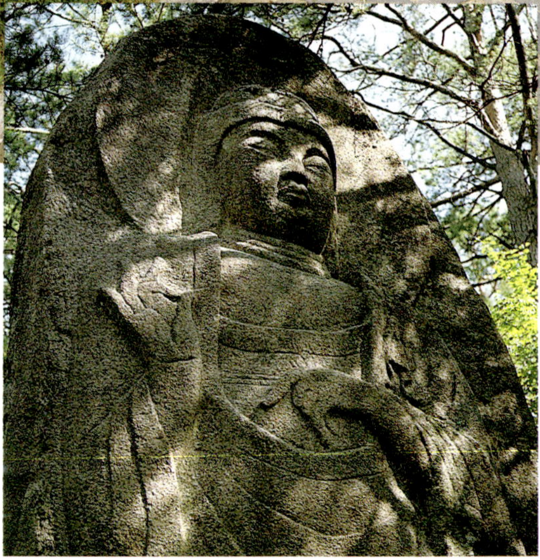

홍제암 부도전 사명 스님이 입적한 홍제암은 해인사 일주문을 비껴서 200미터쯤에 있다.(위)

가야산 마애불 보물 제222호로 지정되어 있는 이 불상은 높이 7.5미터, 어깨 너비 3.2미터이다.(아래)

로 되어 있고 건물들이 축을 달리하고 있음을 알 수 있다. 그의 후학인 진재(眞宰 金允謙, 1711~1775년)의 해인사 그림에서도 대적광전이 중층이었음을 알 수 있으나 이때에는 지금의 배치축과 유사하였음을 볼 수 있다.

이 밖에 해인사에는 동남쪽 능선을 넘어 긴급 사태에 대비하여 철근 콘크리트 구조로 지하층을 포함한 신 판고를 1975년에 건립한 것이 있고 해인사의 서북편 외딴 지대에는 근래에 새로 세운 선원이 있다.

한편 해인사에는 16개의 암자가 있는데 백련암(白蓮庵), 홍제암(弘濟庵), 약수암(藥水庵), 원당암(願堂庵), 삼선암(三仙庵), 금강굴(金剛窟), 길상암(吉祥庵), 청량사(淸涼寺), 고운암(孤雲庵), 보현암(普賢庵), 지족암(知足庵), 국일암(國一庵), 용탑암(龍塔庵), 희랑대(希朗臺), 극락전 등이 있다. 이들의 목조 건물들은 지방문화재로 지정된 홍제암을 제외하고는 대부분이 근래에 새로 세웠거나 개축한 것이어서 이들에 대하여는 설명을 생략한다.

대장경판전

이미 앞에서 기술하였듯이 해인사는 신라 창건 이래 조선 말기까지 여러 차례에 걸쳐 화재를 입고 중건을 거듭하였다. 그러나 천만다행히도 고려의 팔만대장경을 보관하고 있던 대장경판전(국보 제52호)은 조선 초기 개수를 한 그대로 보존이 되어 있어 국보 가운데의 국보인 팔만대장경판이 온전하게 보존 계승되고 있는 것이다.

앞에서 말한 바와 같이 「해인사중수기」에 의하면 조선 세조왕의 비인 정희왕후가 1481년 뜻을 두어 중수 공사를 기획하다가 돌아가

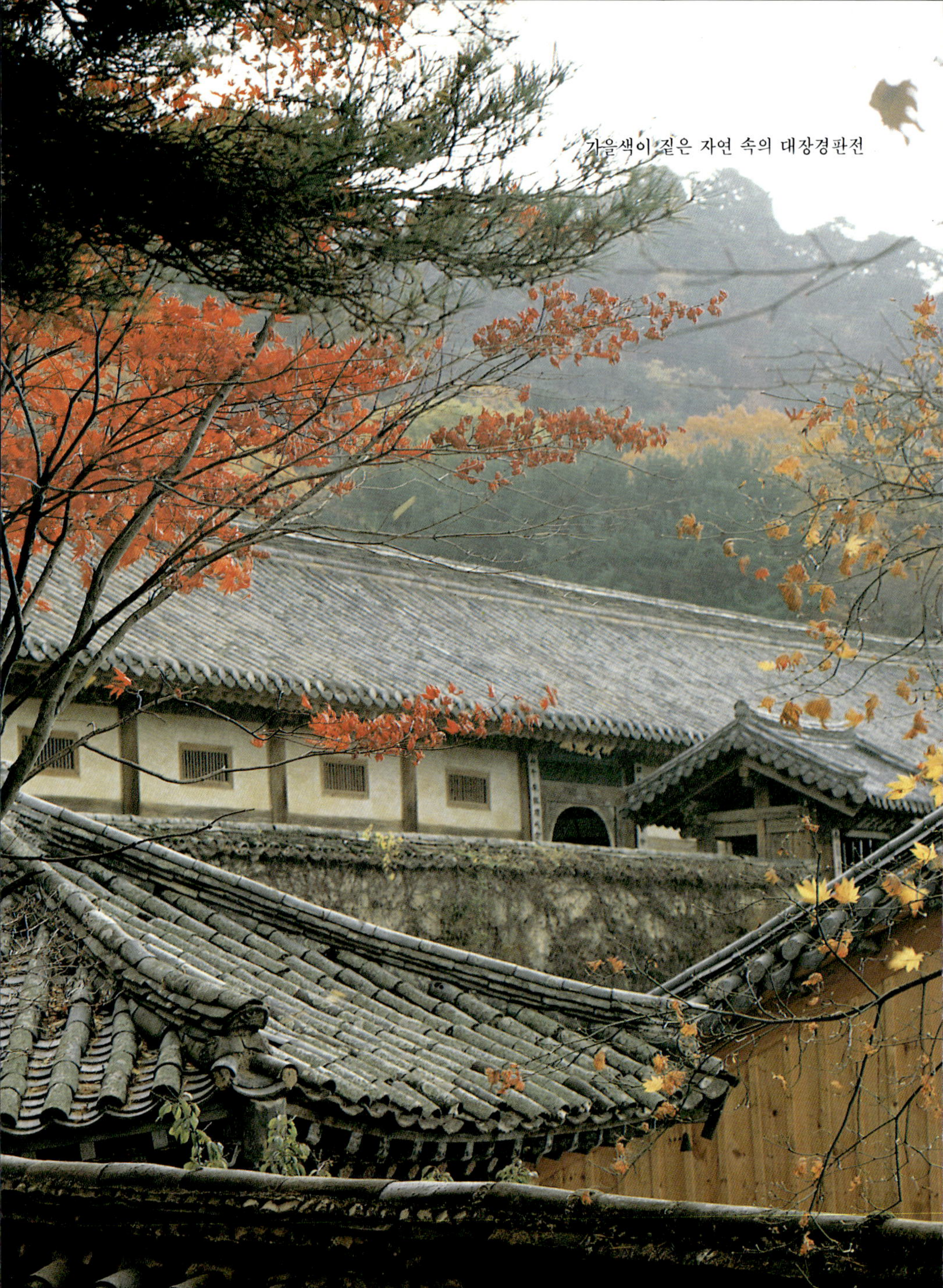

가을색이 짙은 자연 속의 대장경판전

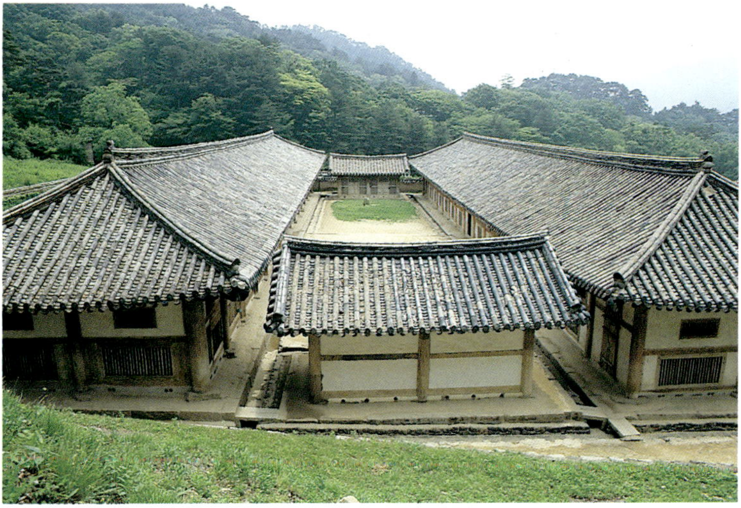

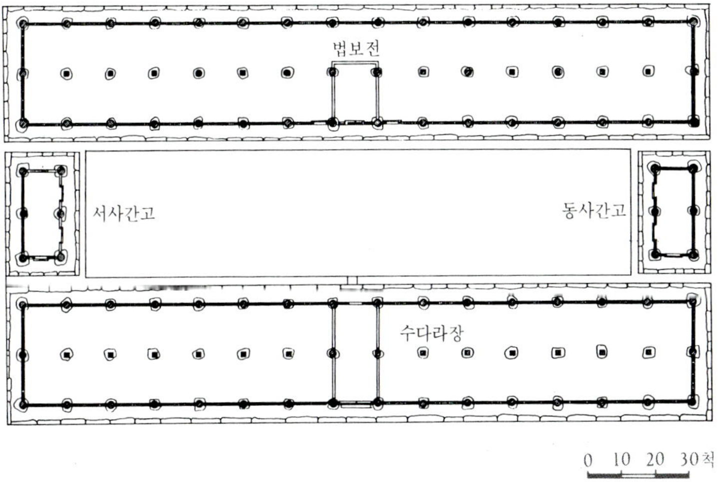

장경각 전경 장경각은 모두 4동으로 이루어진 대장경판전으로, 사진의 오른쪽이 수다라장, 왼쪽이 법보전, 뒤쪽이 동사간고, 앞이 서사간고이다.(위)
해인사 장경각 배치도(이하 도면「韓國의 古建築」에서 전재)(아래)

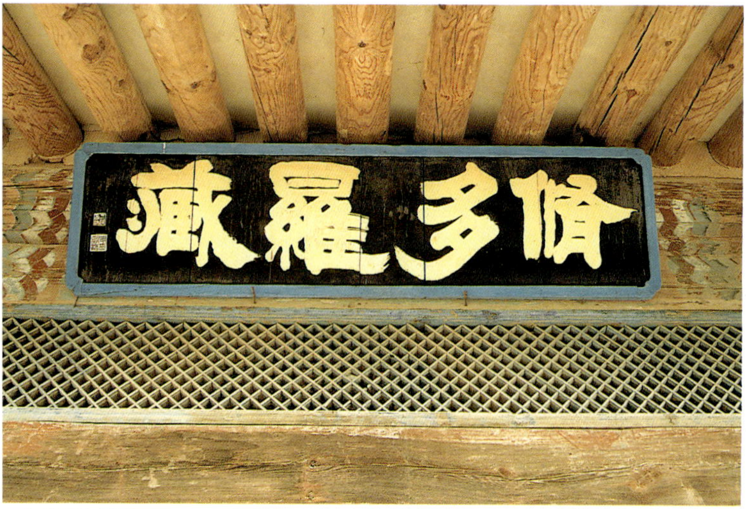

수다라장 현판

셨으므로 그 뒤 인수, 인혜대비가 학조 스님으로 하여금 감독케 하여 1488년(成宗 19)에 경판당 30칸을 다시 짓고 보안당(普眼堂)이라 하였다고 기록되어 있다. 지금의 경판전은 앞의 수다라장과 뒤의 법보전(法寶殿)이 나란히 있어 이들은 주칸이 각각 도리통 15칸과 보통(樑通) 2칸(건평 165평)으로 합하여 30칸이 되는데 위의 기록이 두 동 가운데 하나만을 의미하는 것인지 아니면 두 동을 합쳐 도리통만을 합산한 것인지 확실하지 않다. 다만 지금의 수다라장은 천계(天啓) 2년(1622)에 상량한 기록과 법보전은 1624년 중영(重營) 상량한 기록으로 보아 이때에 두 건물이 다시 중수된 것으로 추정이 된다.

수다라장은 정면 15칸 중 가운데칸에다 출입을 위한 개구부를 만들었는데 앞면에는 상하 인방과 좌우 문설주에 곡선으로 된 판재를 고정시키어 마치 종의 형태를 연상시키는 곡선의 뚫린 문틀이

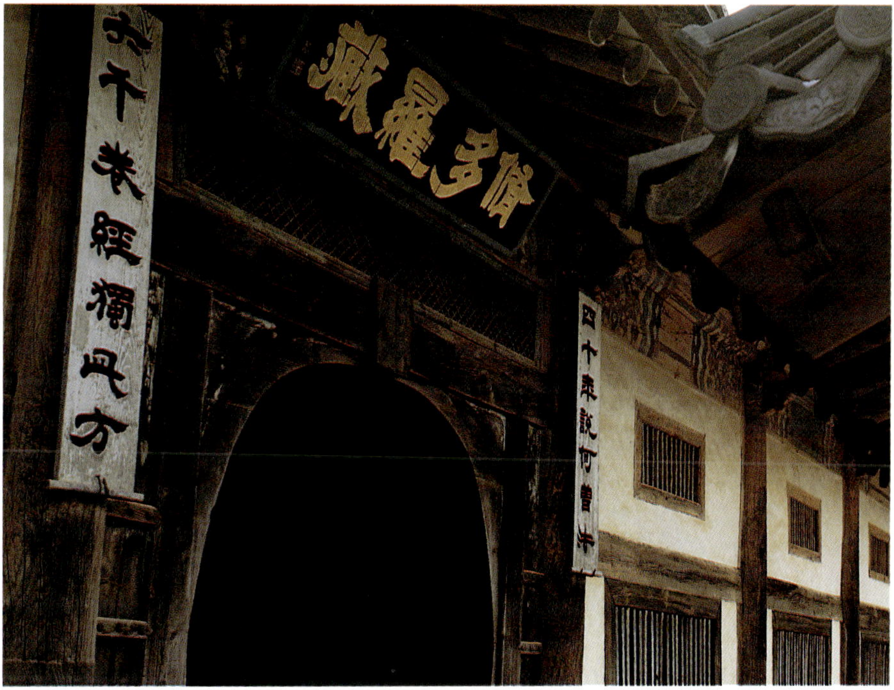

수다라장 장경각 문을 들어서면 맨 앞에 보이는 수다라장은 정면 15칸 중 가운데 칸에다 종의 모양으로 출입구를 만들었다.

아름답다. 그 안에 들어가면 좌우 양측으로 경판장으로 들어가는 출입문을 굳게 닫고 살틈으로 보면 경판을 판가(板架)에 잘 쌓아 보관하고 있음을 알 수 있다. 건물 후면의 개구부는 그냥 상하 인방과 문설주만을 짜아 둔 채 문은 달지 않고 있어 최대한의 통풍을 고려한 것 같다. 그리 높지 않은 기단 위에 대체로 네모지거나 자연석 위를 면바르게 한 초석을 두어 평면으로 보아 앞뒤에 갓기둥(邊柱, 平柱)열과 중앙에 높은 기둥(高柱)열을 배치한 형식이다.

갓기둥은 두리기둥으로 약간의 배흘림을 두어 오래 된 시대의 형식을 보이고 있는데 높은 기둥은 네모 기둥으로 배흘림이 없다. 건물의 가구(架構) 형식은 되도록 간략한 구조를 보이어 보관 창고로서의 기능만을 충분히 발휘하려 한 것 같다. 곧 갓기둥 머리에는 간단한 초익공(初翼工)을 짜아 대들보를 받치고 이 대들보는 중앙에 배열되어 있는 높은 기둥의 옆구리에 고정시켰다. 이와 같은 방법은 반대쪽에서도 같아 종단면으로 보아 대칭을 이룬다.

높은 기둥 좌우로 걸쳐 댄 대들보 위 가운데쯤에 각각 동자 기둥(童子柱)을 세워 종(宗)보를 받쳤는데 높은 기둥의 보머리가 이 종보 중앙 밑을 받치고 있어 구조는 더욱 견고함을 보인다. 높은 기둥 머리에는 주두(柱枓)와 첨차(簷遮), 소로(小累) 등이 간단히 짜여 장식을 이루고 동자 기둥 밑에는 복화반(覆花盤)형의 받침재를 고정, 보강시켰으며 기둥 머리 부분에는 주두와 초공을 짜아 굴도리와 함께 종보머리를 받들었다. 모양은 약간 다르지만 이와 같은 형식은 종도리를 받치고 있는 대공에서도 흡사하다. 다만 여기서는 종도리를 받드는 솟을 합장(人字形 대공)이 있어 오래 된 시대의 특성을 보이는데 이러한 솟을 합장은 고구려 고분 벽화에서도 볼 수 있고 남아 있는 고려 및 조선 초기의 목조 건축에서 흔히 볼 수 있는 형식이다. 이렇게 보아 전체적인 가구 형식은 5량집 위에 짧은 서까래와 긴 처마서까래를 걸친 홑처마집의 우진각을 한 건물이다.

공포(栱包)는 갓기둥 위에 짜인 것으로만 볼 때는 보머리에 주두를 올려 놓고 익공초를 그 밑에 엇물려 그 위에 보머리가 포개지도록 결구하여 전형적인 초익공 형식이긴 하지만 동자 기둥 또는 대공에 붙어 있는 초공(草拱)이나 높은 기둥 머리에 짜은 첨차 등은 마치 주심포(柱心包) 형식의 초기적 수법을 표현하여 이를 주심포의 분류로 설명하려는 자도 있는 것이다.

그러나 이 건물의 무엇보다도 중요한 기능은 경판을 보호하고

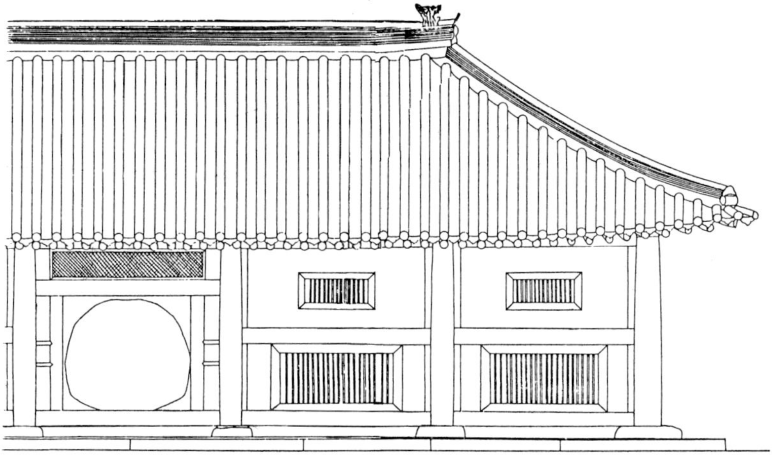

수다라장 정면 부분 입면도

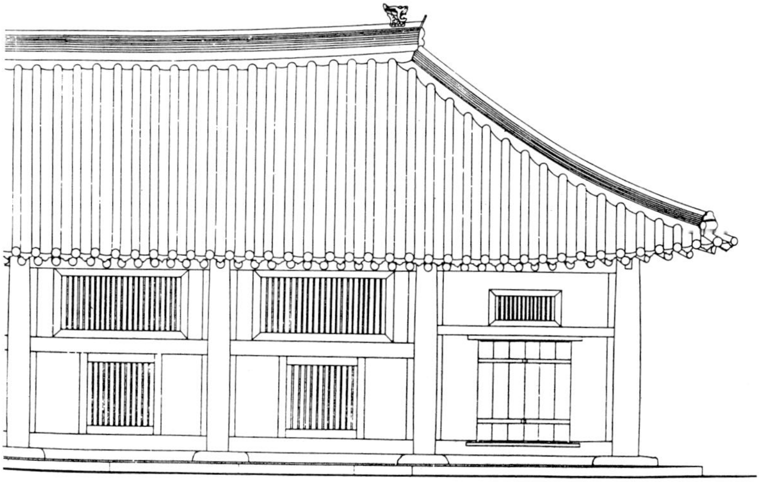

수다라장 뒷면 부분 입면도

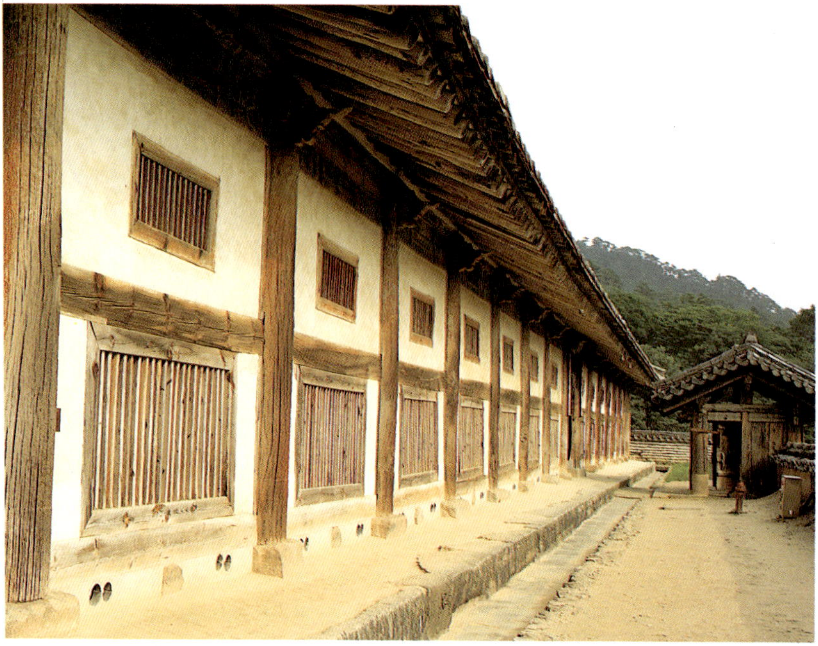

수다라장 앞면 짧은 서까래와 긴 처마서까래를 걸친 홑처마집의 우진각 건물인 수다라장은 내부의 경판을 보호하고자 통풍과 온도 등을 고려하여 건물 외벽에 붙박이 살창을 두었다.

오랫동안 보존할 수 있게 하는 것이다. 이렇게 하려면 적당한 환기와 온도로 경판의 부식을 방지하여야 할 것이다. 따라서 건물의 통풍이 잘 이루어지도록 건물 외벽에 붙박이 살창을 두었는데 벽면의 아래위와 건물의 앞면과 뒷면의 살창 크기를 달리함으로써 공기가 실내에 들어가서 아래위로 돌아 나가도록 계획한 절묘한 기술을 발휘한 것이다. 곧 건물의 전면 벽에는 양측 기둥 사이에 중방을 걸치고 붙박이 살창을 아래위로 두었는데, 아래 창구는 폭 2.15미터 ×높이 1.0미터=넓이 2.15평방 미터이고 위의 창은 1.2×0.44=0.528평방 미터이다. 그러므로 아래창이 위창보다 약 4배가 크다.

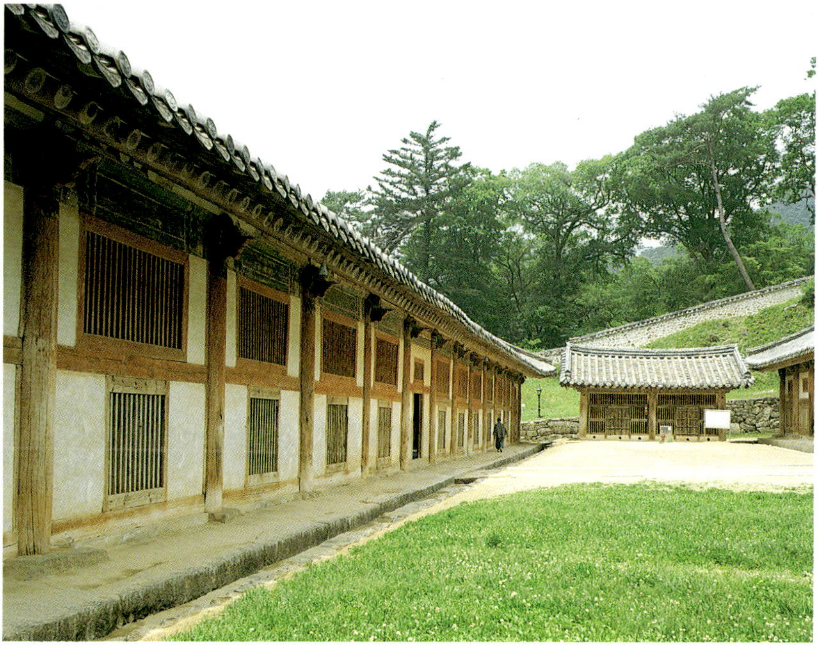

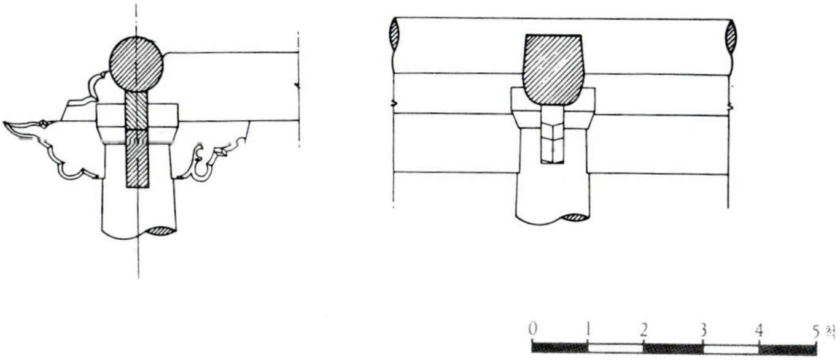

수다라장 뒷면 높지 않은 기단 위에 네모 또는 자연석 위를 면바르게 한 초석을 두어 평면으로 보아 앞뒤에 갓기둥열과 중앙에 높은 기둥열을 배치하였다.(위)
수다라장 공포 상세도(아래)

그리고 뒷면은 아래창이 1.36×1.2=1.63평방 미터이고 위창은 2.4×1.0=2.4평방 미터로 위창이 아래창보다 1.47배가 크다. 이러한 차이는 동북쪽에 놓인 법보전에서도 볼 수 있어 이 건물의 정면에서 밑의 창은 2.4×1.0=2.4평방 미터이고 위창은 1.3×0.4=0.52평방 미터로 약 4.6배가 아래창이 크고, 건물 뒷면은 아래창 1.8×0.9=1.62평방 미터와 위창 2.2×1.1=2.42평방 미터로서 약 1.5배가 위창이 더 컸다.

이러한 계획은 확실하게 밝혀지지 않았지만 건물 뒤쪽에서 내려오는 습기를 억제하고 건물 안의 환기를 원활히 하려는 의도인 것 같다. 다만 여기서 건물 뒷면의 하부의 창들에는 문틀의 연귀맞춤을 정식으로 짜지 않고 문선을 아래위로 꽂아 맞춘 후대에 수리를 가한 듯하여 약간 변화가 있었음을 알 수 있다.

건물의 바닥도 맨흙바닥으로 두고 또 천장도 반자가 없이 지붕 구조가 보이는 연등 천장을 하고 있어 습기가 바닥과 지붕 밑에서 조정이 되도록 한 것으로 생각된다.

경판가(經板架)는 굵은 각재를 이용하여 견고하게 짜아 경판을 세워서 두 단씩 놓이도록 단을 두고 공기 유통이 잘 되도록 배려하였다.

법보전

이 건물은 수다라장에서 약 16미터 동북쪽에 떨어져 앞의 건물과 같은 규격으로 나란히 놓여 있고 중앙칸 위에 '法寶殿(법보전)'이란 현판을 달고 그 아래 분합 살문을 달아 출입할 수 있게 되어 있는데 이 중앙칸은 안쪽 높은 기둥열이 있는 곳까지 벽을 쳐서 비로자나불상과 양측에 문수, 보현의 협시 보살을 봉안하여 예불을 드리도록

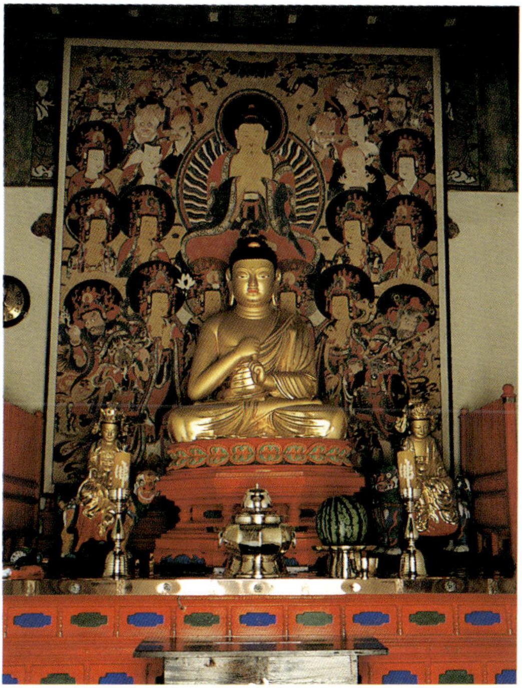

법보전의 비로자나불상 수다라장과 마주보고 있는 법보전에는 비로자나불상과 그 양쪽에 문수, 보현 협시보살을 봉안하고 있다.

되어 있다. 따라서 경판장에 출입하는 문은 수다라장과는 달리 분합문이 있는 칸의 좌우 양 협칸에 두 짝 판문으로 달아 출입할 수 있게 하였다.

건물의 규모나 가구 형식은 수다라장과 같다고 볼 수 있지만 실제 익공 쇠서가 전면에서는 몽땅하게 부리가 잘렸고 측면에서는 쇠서 부리가 남아 있었으며, 뒷면에서는 경사지게 직선으로 잘려 있어 수리할 때에 변형된 것으로 추정되었다. 또 붙박이 살창도 수다라장의 것과 비슷하였지만 그 규격은 약간 차이가 있었다.

동, 서사간고

수다라장과 법보전 사이 서북 끝과 동북 끝 양쪽에서 서로 마주보는 향으로 세워진 작은 경판장으로 각각 정면 2칸, 측면 1칸, 맞배 3량집이다. 이들 건물 역시 익공형 주심포계의 집이지만 익공 쇠서가 수다라장과 같이 보머리와 붙지 않고 떠 있기 때문에 좀더 주심포에 가까운 형식이다. 또 벽체 역시 출입을 위한 판문과 살창으로 되어 환기를 원활히 하도록 하였다.

이상 해인사 대장경판전은 4동으로 국보 제52호로 지정이 되어 있고 이 안에는 경가(經架)를 짜아 국보 제32호인 고려대장경판 81,258매 및 국보 제206호인 고려각판(刻板) 2,275매를 보존하고 있다.

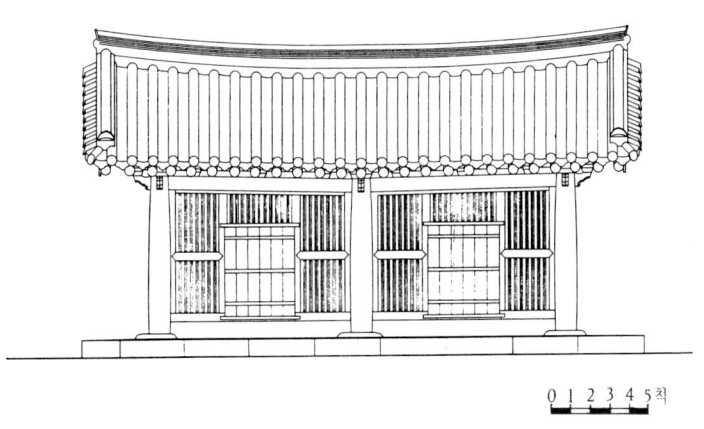

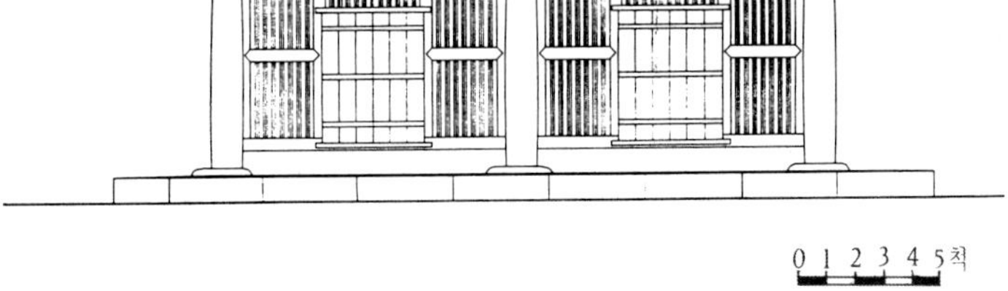

동사간고 정면도

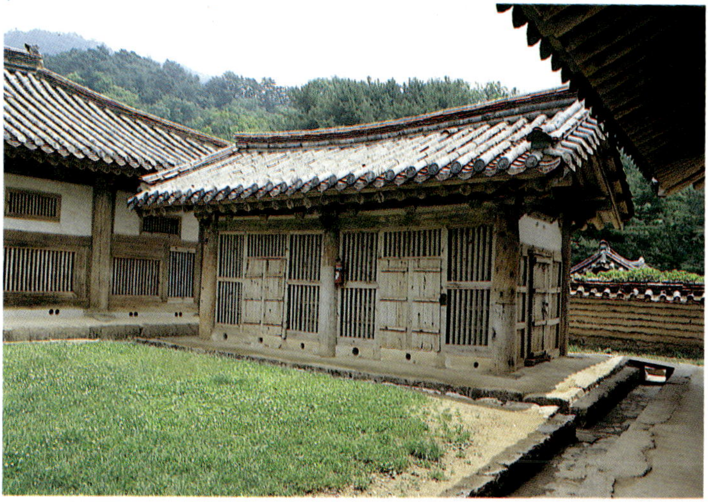

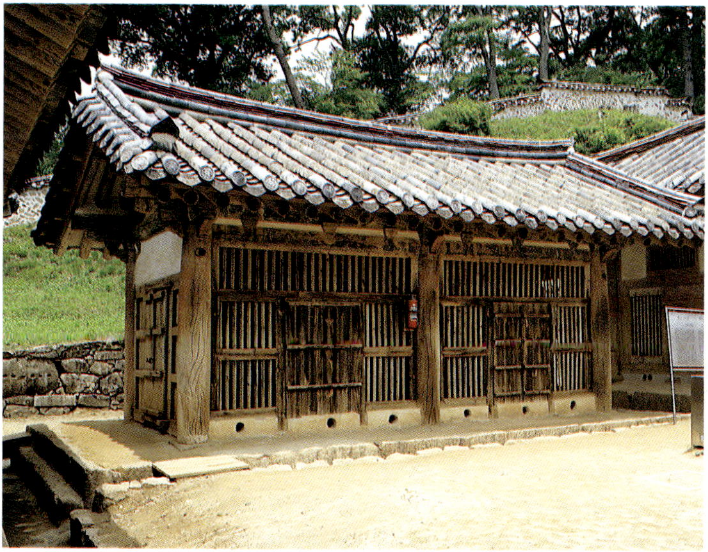

동, 서사간고 수다라장과 법보전 사이 동, 서 끝에서 서로 마주보고 있는 작은 2동의 건물로 역시 환기를 원활히 하기 위해 벽은 판문과 살창으로 되어 있다. 위는 동사간고, 아래는 서사간고이다.

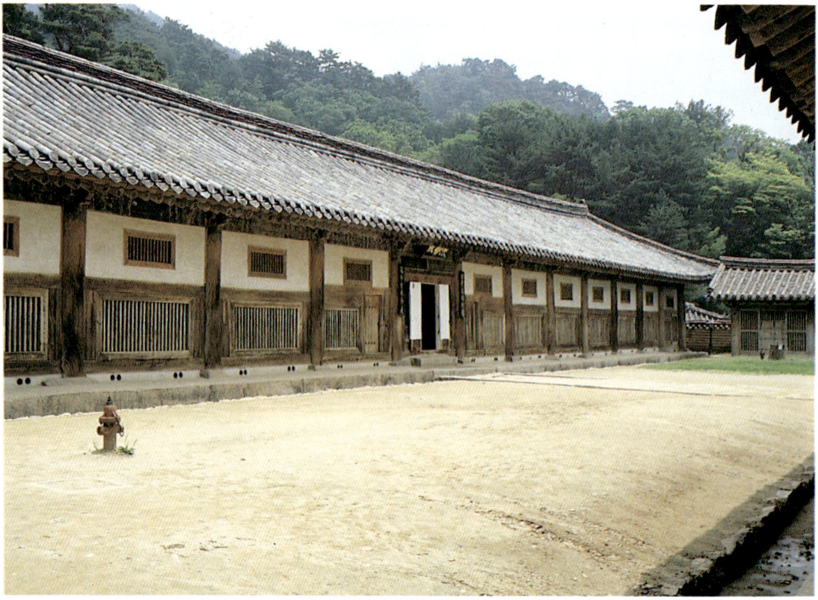

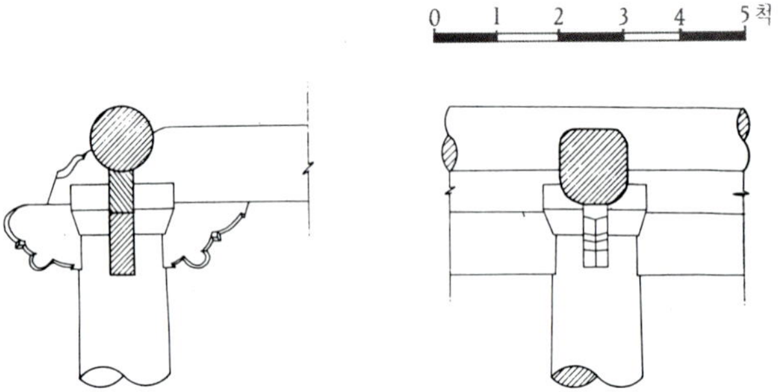

법보전 앞면 수다라장과는 달리 출입문이 좌우 양 협칸에 두 짝 판문으로 달아 출입하게 되었으며, 붙박이 살창도 수다라장의 것과 비슷하나 규격에는 약간의 차이가 있다.(위)
법보전 공포 상세도(아래)

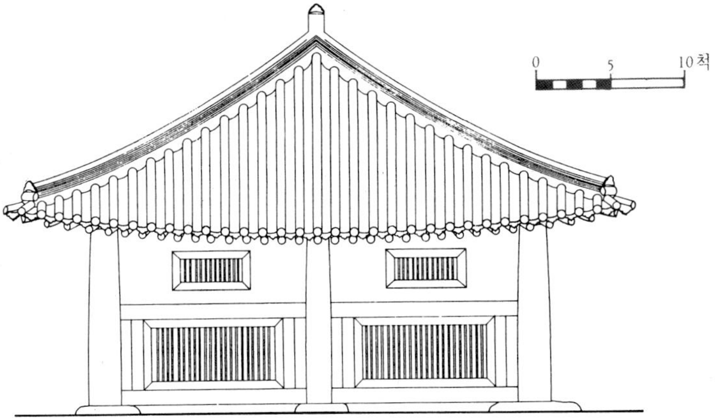

법보전 측면도

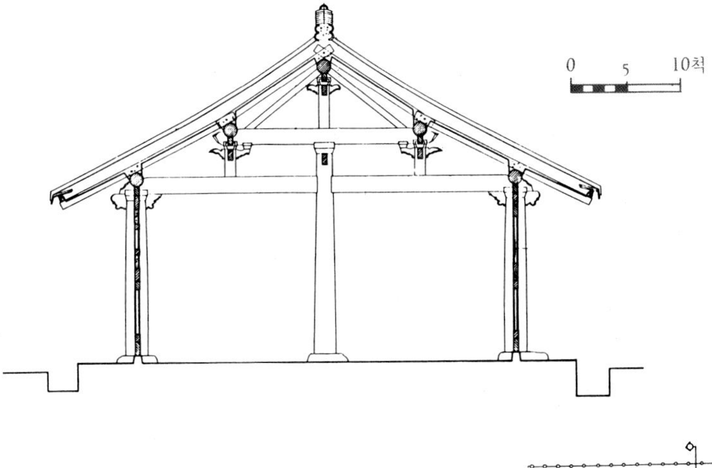

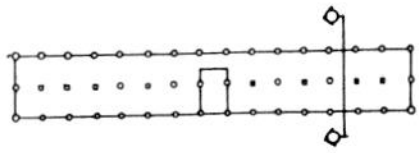

법보전 종단면도

이 전체가 귀중한 국보인 만큼 관리 당국에서 화재를 예방하여 소화 시설과 주의를 기울이고 있지만 이것은 우리 민족의 국보이기 때문에 모든 국민이 다 함께 관심을 갖고 보호를 해야 할 것이다.

대적광전

대적광전은 원래 화엄경에 나타나는 최고의 부처인 비로자나불을 모신 불전으로 처음에는 비로전이라고 한 것을 1488년 학조 대사가 중창할 때 대적광전으로 개명한 것이라고 한다. 앞에서 이미 기술하였듯이 17, 18세기 겸재와 진재의 해인사 그림으로 보아 이 건물은 이때까지도 2층의 건물이었음을 알 수 있다. 지금의 건물은 1817년에 제월(霽月) 성안(聖岸) 스님이 중건한 것이라 하며 근래에 여러 번의 수리를 가하여 지금의 모습으로 보존된 것이다. 건물은 정면 5칸, 측면 4칸의 안팎 두리 기둥(外陳柱)을 배치한 다포(多包) 형식의 팔작지붕을 한 단층집이다. 특히 10개의 안두리 높은 기둥이 배치되어 원래는 이것이 위층까지 연결되어 겸재 그림에 보이는 2층 정면 4칸의 주칸이 되었던 것으로 추정되기도 한다.

지대석과 면석 그리고 밑 모서리에 내반곡 몰딩을 둔 갑석으로 반듯하게 짜인 기단 위에 다듬은 초석을 배치하고 그 위에 든든히 생긴 곧은 두리 기둥을 세워서 가구를 짜았다. 내부에는 마루 위에 짚 넣은 자리를 깔고 위에는 반자를 짜았는데 고주의 안쪽은 우물반자를 가설하고 고주의 밖으로는 빗반자를 설치하여 여기에 여러 종류의 주악보살상을 그리었다. 기단에는 계단을 설치하여 무지개형으로 굽은 소맷돌과 그 앞에 돌북형 조각을 하였는데 전면에 3개소, 측면에 각 1개소씩 두었다. 특히 정면의 중앙 계단의 소맷돌에는 비늘 무늬를 조식한 용머리를 조각했다.

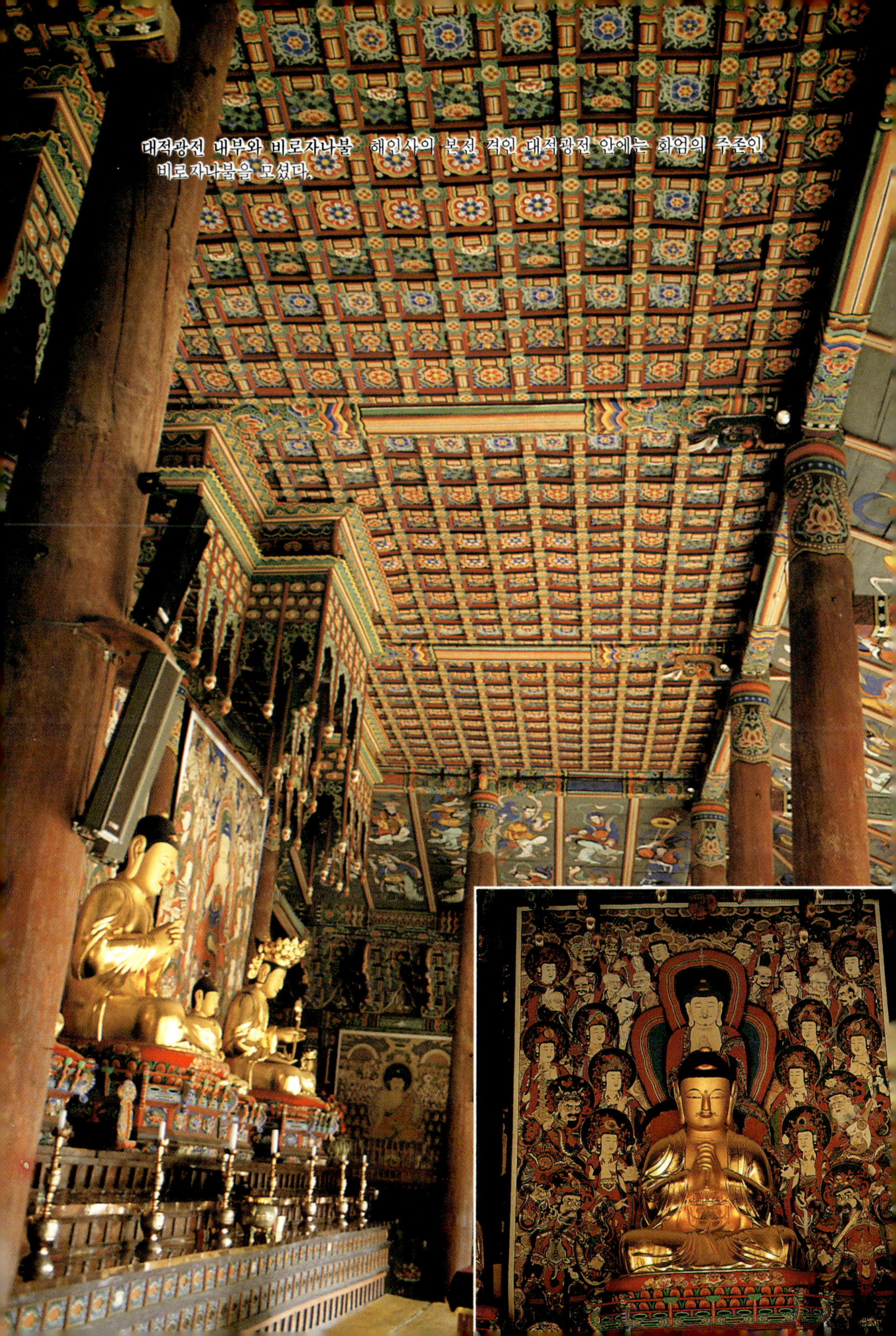

대적광전 내부와 비로자나불 해인사의 본전 격인 대적광전 안에는 화엄의 주존인 비로자나불을 모셨다.

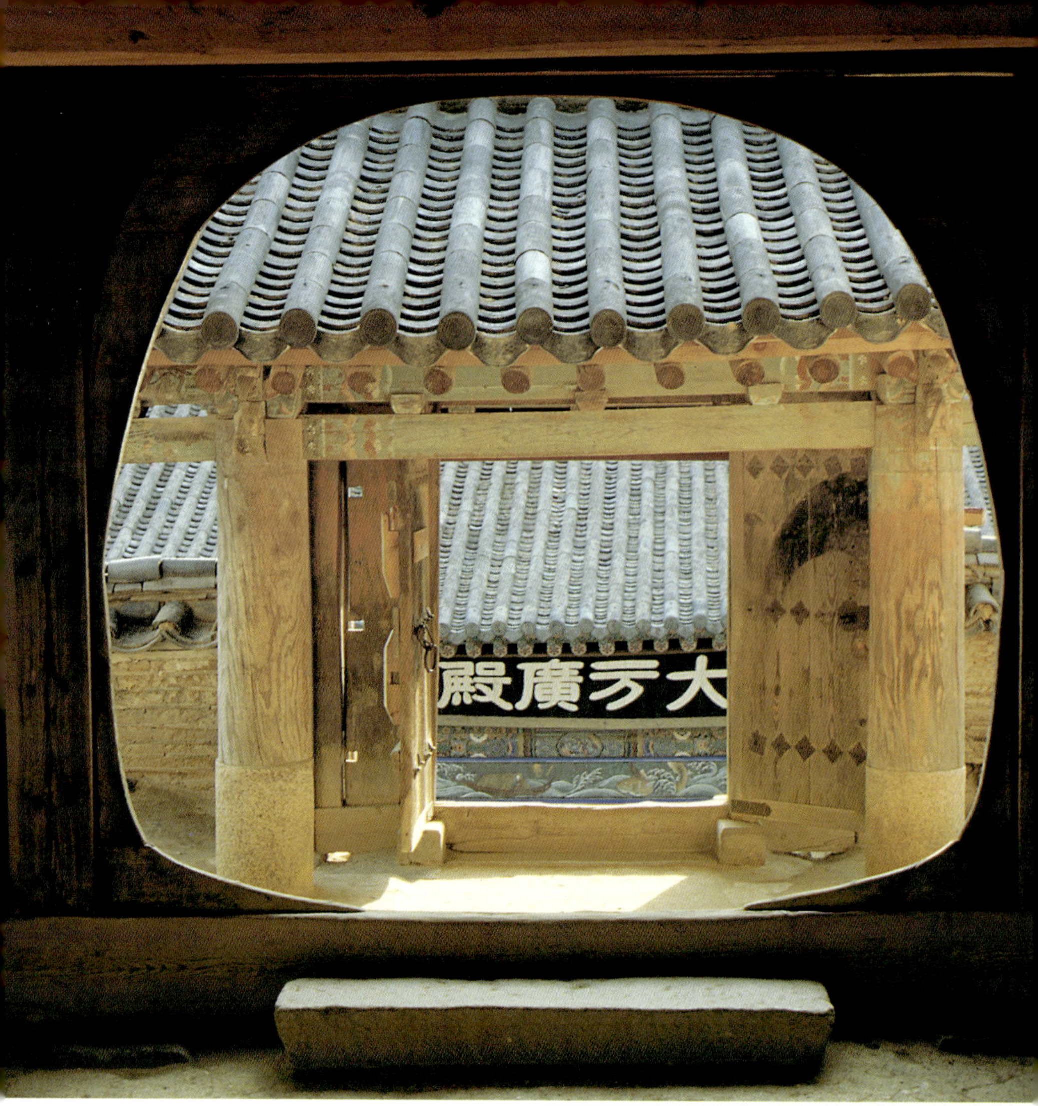

수다라장에서 본 대적광전 뒷면 대적광전의 서북면 위에는 법보단, 동남면에는 금강계단 또한 뒷면에는 대방광전이란 편액이 각각 걸려 있다.

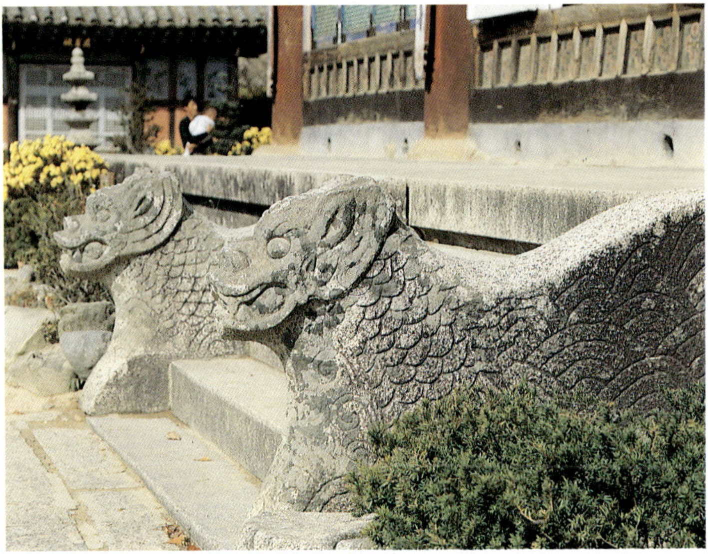

대적광전 정면 중앙 계단의 소맷돌

건물 정면에는 윗부분에 교창과 아랫부분에 분합문을 달고 측면 앞칸에는 각각 출입문을 두었고 뒷면의 중앙칸에는 분합문을 두어 대장경판전으로 통하도록 유도하였다. 그리고 서북측면 중앙부 창방 위에는 '法寶壇(법보단)', 동남측면 중앙에는 '金剛戒壇(금강계단)', 뒷면에는 '大方廣殿(대방광전)'이란 편액이 각각 걸려 있다. 공포작은 외부로 2출목 5포작의 연봉 달린 쇠서와 내부로 3출목 7포작을 꾸미었는데 쇠서가 앙서(仰舌)와 같이 위로 뻗은 조선 후기형의 형식을 보이며 내부로도 살미 부분에 연화를 조각하고 정면 4개의 기둥머리 위에는 용머리를 조각하는 등 비교적 화려한 장식으로 꾸미었으나 건물은 견실하고 장엄하게 보인다.

건물 내부 뒤쪽의 높은 기둥 사이에는 불벽(佛壁)을 치고 앞면에

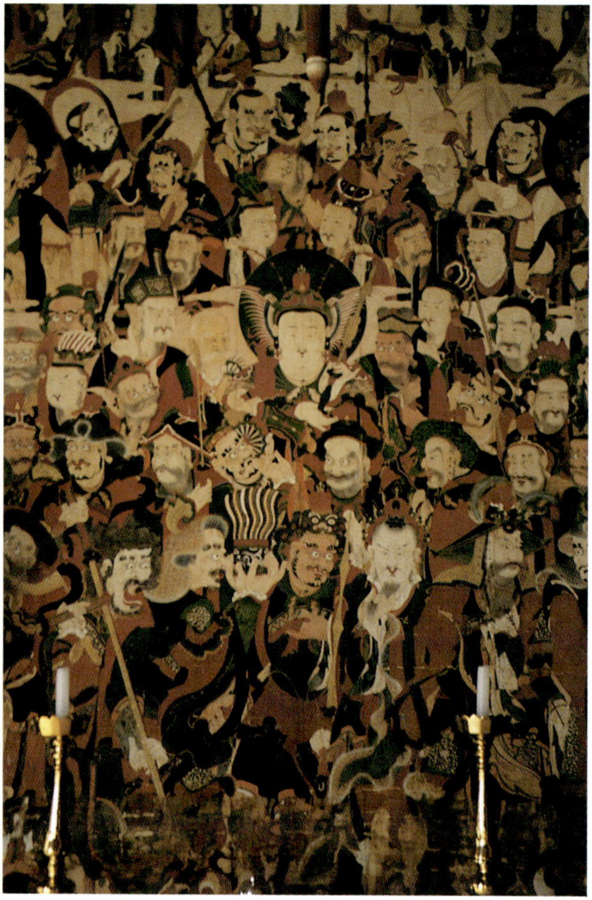
대적광전 내부의 신중단에 봉안된 제석탱

탱화를 그렸으며 그 앞에는 3중의 불단을 나무로 짜아 불상을 봉안하였는데 중앙에 비로자나불상과 그 좌우에 문수(文殊), 보현(普賢)보살을 안치하였다. 이들은 원래 성주군 금당사(金塘寺)에서 가야산 용기사(龍起寺)로 옮겨서 안치되었다가 차례로 절이 없어지면서 1897년 이곳에 옮겨 봉안된 것이라고 한다. 그리고 지금의 본존 불상이 옮겨 오기 전의 이곳에 봉안됐던 비로자나불도 왼편 문수보살상 사이에 봉안되어 있고 또 오른편 보현보살상 사이에는 지장보살이 놓였다. 그리고 이 불단 위 천장에는 닫집 대신 낙양(落陽)을 늘어뜨린 보개(寶蓋)를 장식하였다. 건물에는 금모루 단청을 화려하게 하였고 건물 외벽에는 팔상도 등의 벽화를 그렸다.

이 건물은 근래 수리할 때 서까래를 자르는 등 많은 부재가 변형되었다고 하여 곧 원형대로 해체, 수리를 착수한다고 하니 어떻게 변모할지 알 수 없다.

일주문

요즘 우리가 흔히 볼 수 있는 일주문 형식이 언제부터 절 앞에 세워졌는지는 확실하지 않다. 삼국시대에는 남문이나 당간 또는 중문 등이 사찰 앞에 세워졌고 일주문은 기록이나 유구로 보아 없었던 것이 확실하다. 그러나 통일신라시대나 고려시대에 들어와서 산지 가람이 많이 조영됨에 따라 남문의 형식을 간소화시키는 경향이 있었을 것으로 추측되며 이것은 절의 영역을 주지시키는 간결한 대문 형식에서 발전하여 결국 일주문과 같이 간결한 출입구로 변한 것으로 추정된다. 일주문은 보통 기둥을 좌우 양측에 하나씩만 두고 그 사이에 화려하게 다포 형식을 꾸미는 것이 보통 조선시대 남아 있는 일주문 형식으로 보아 알 수가 있지만 양산 통도사(通度寺)

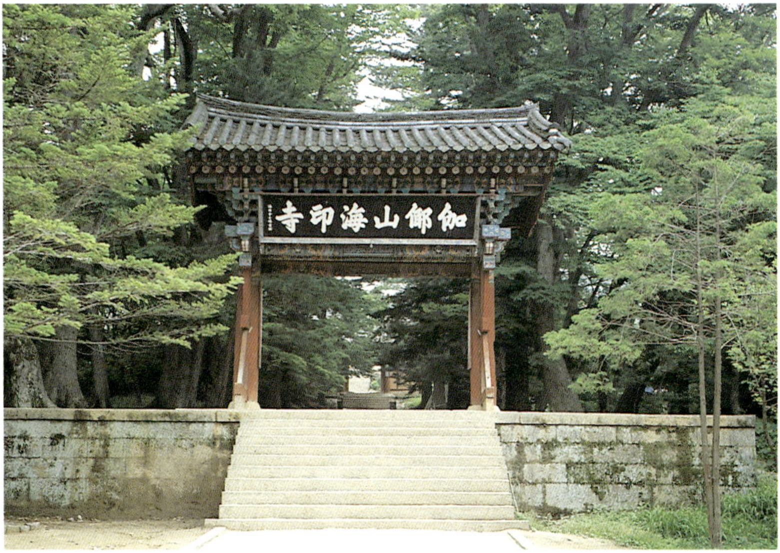

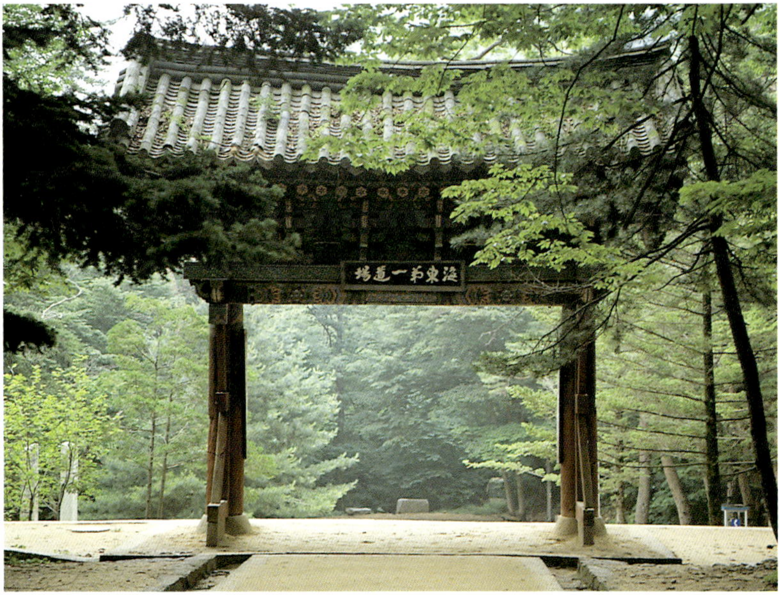

일주문 정면(위)과 뒷면(아래)

나 부산 범어사(梵魚寺)와 같은 일주문은 3칸 출입구로 조영하여 4개의 기둥을 세워서 포집을 짜았다.

이곳의 일주문은 홍하문(紅霞門)이라고도 부르며 정면에는 근대 서예가인 해강(海剛) 김규진(金圭鎭, 1868~1934년)의 글씨로 '伽倻山海印寺(가야산해인사)'란 현판을 걸었고 뒷면에는 박해근(朴海根)이 쓴 '海東第一道場(해동제일도량)'이란 현판을 걸었다.

문 앞에는 일제 때에 쌓은 듯한 잘 다듬은 계단과 함께 장대석축 위에 갑석을 얹은 대지 위 양측에 화강석을 잘 다듬어 초석을 각각 1개씩 놓고 직경 약 60센티미터 되는 둥근 기둥을 세워 그 사이에 창방과 평방을 돌려 짜아 그 위에 내3출목 7포작과 외2출목 5포작의 다포계 맞배집을 꾸미었다. 기둥머리에서 내외로 뻗은 창, 평방을 받치기 위하여 기둥의 앞뒤에는 버팀목을 두어 측면으로 보아 X형을 이루고 있다. 또 주심에서 양측의 기둥을 연결하는 창방은 폭을 좁혀 그 위에 같은 모양의 뜬 장혀를 두고 그 사이에는 화반을 조각하여 맞추었다. 이 건물은 힘있게 밖으로 내려 뻗은 쇠서의 형식과 화반 등을 고려하면 조선 중기 이전부터 조선 후기의 형식들이 혼용되고 있는 좋은 건물임을 알 수 있다. 그러나 전하는 말에 의하면 1940년에 목수 이화백(李花白)에 의하여 이 건물이 중건되었다고 한다.

봉황문(鳳凰門)

일주문에서 노거수(老巨樹) 사이로 약 100미터 가량 비탈진 길을 오르면 정현복(鄭鉉輻)이 쓴 '海印叢林(해인총림)'이란 편액을 정면에 단 3칸 맞배집으로 되어 중앙칸만 출입구를 둔 문에 오르게 된다. 건물 앞에는 계단을 두었고 입구에 들어서면 양측에 사천왕상

(四天王像)을 탱화로 그려 벽에 붙여 걸고 그 앞에는 나무로 깎아 세운 목책과 철책을 곁들여 이 그림을 보호하고 있다. 그리고 맞은편의 창방 위 안쪽에 '鳳凰門(봉황문)'이라고 써 붙인 편액을 볼 수가 있다.

이 문은 일명 사천왕문이라고도 하는데 사천왕은 수미산(須彌山)의 동서남북 사방에 각각 위치하여 불계를 수호하고 악을 물리치기 위하여 산문 입구에 모셔져 문을 지키는 일과 도량을 지키는 일을 맡는다.

봉황문은 구조적으로 간단한 당초무늬 쇠서형의 익공으로 5량집을 꾸미어 이 역시 조선 후기의 건물임을 알 수 있다.

해탈문

봉황문을 지나 약 30미터 거리를 두고 전자와는 축을 달리하여 놓인 문이다. 정면 6칸, 측면 2칸 우진각지붕에다 동측에서 제3칸째에 솟을대문을 마련하여 출입하게 하고, 정면에는 1865년 만파당 의준 화상(萬波堂誼俊和尙)이 쓴 '海東圓宗大伽藍(해동원종대가람)'이란 편액을 달았다. 이 문은 해인사의 제3문으로서 초창 연대는 알 수 없고 1490년 인수, 인혜 양 대비가 중수할 때 이 문도 새로 세우고 불이문이라 하였다 하나 지금의 것은 그 뒤 화재로 19세기에 재건한 것으로 추정된다. 가구는 간단하게 꾸미어 납도리집으로 하고 지금은 서북쪽에 진열장을 꾸미고 이 안에 불교에 관한 책과 기타 불구(佛具) 등을 판매하고 있다.

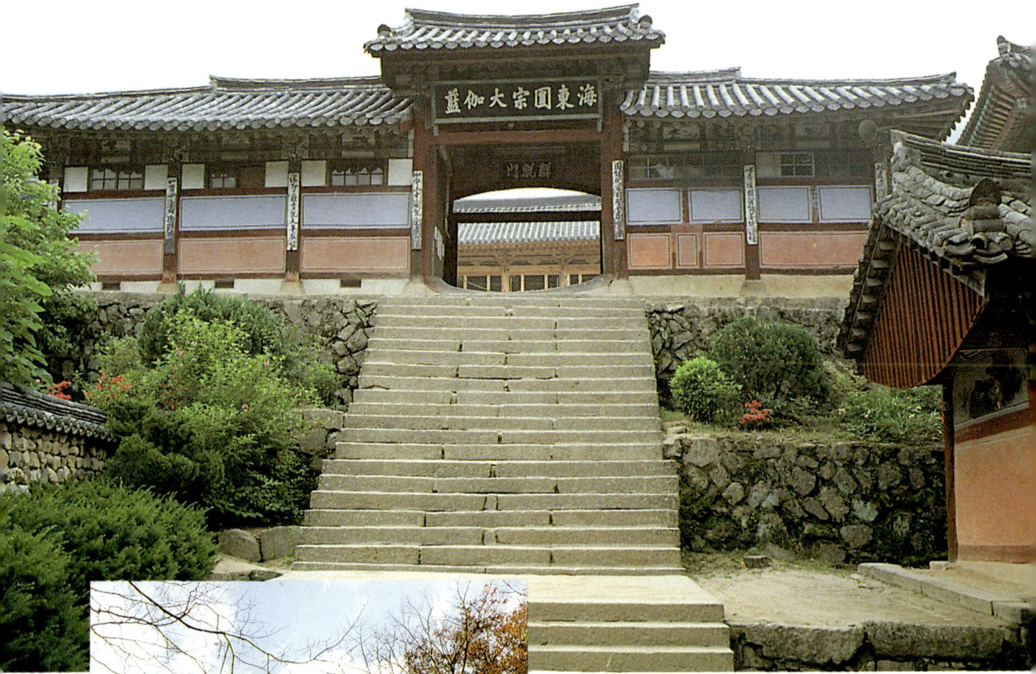

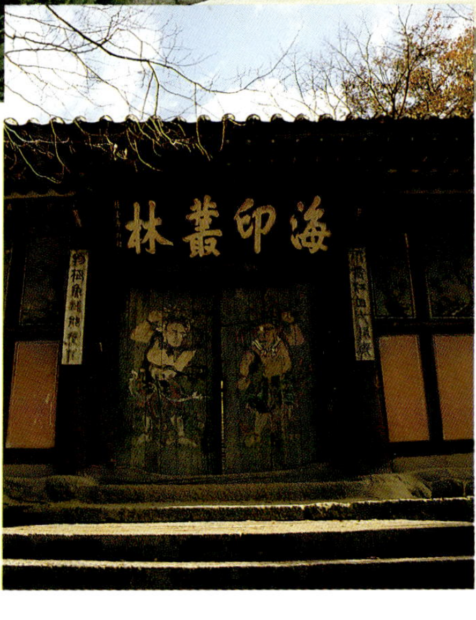

해탈문 일주문과 봉황문을 지나면 정면 6칸, 측면 2칸의 우진각지붕에 솟을대문을 한 해탈문을 만나게 된다.(위)
봉황문(아래)

구광루

원래는 원음루(圓音樓)라고 하여 누각에 범종과 목어, 법고 등을 두었다 한다. 그 뒤 1824년에 개성부 유수(留守) 김이재(金履載, 1767~1847년)가 종루로 다시 새롭게 건축하고, 구광루라는 편액은 남천당 한규(翰圭, 1868~1936년) 대사가 쓴 글이라 한다. 이때의 구광루는 정면이 7칸이고 측면 2칸으로 정면에서는 2층루이고 뒷면에서는 단층으로 된 민도리 맞배집으로서 동측에서 제2칸에는 밑으로 계단을 두어 일반 사찰과 같이 이 밑을 통하여 대적광전 뜰로 들어서게 되었지만 지금은 이 건물이 개축중이어서 어떤 모습으로 변할 것인지 알 수 없다.

구광루 본래는 재식 때 법요를 집행하던 곳이었으나 지금은 개축중에 있다.

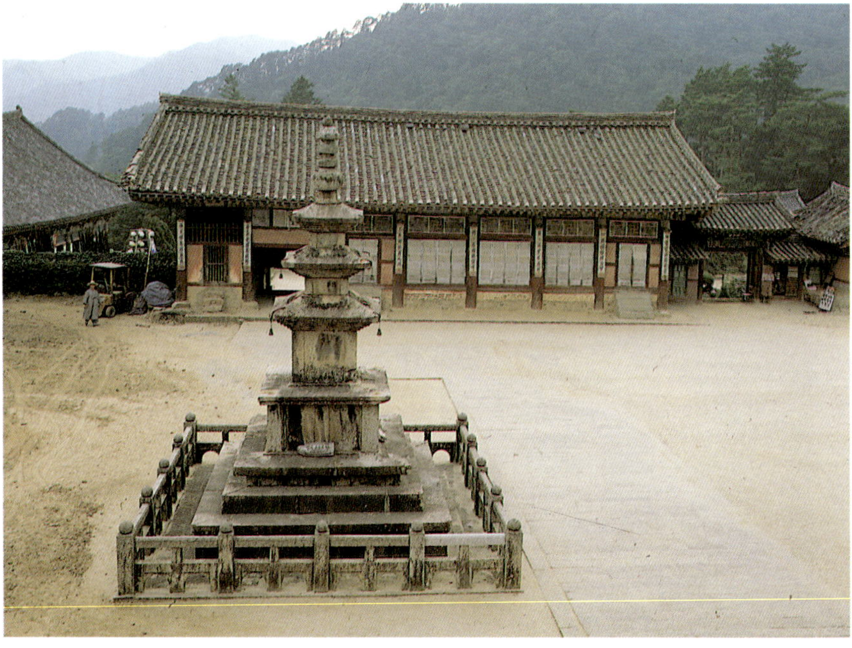

명부전

대적광전의 북서편 곁에 같은 방향으로 놓인 작은 건물로 정면 3칸, 측면 2칸의 맞배집이다. 건물 안에는 목조의 지장보살(地藏菩薩)을 가운데 모시고 그 좌우에는 도명(道明)보살과 시왕상(十王像)을 봉안하였다.

정면에는 중앙칸에 격자살 2분합의 출입문과 양측칸에는 하방을 2중으로 높여 역시 두 짝으로 된 격자 살창을 달았다. 기둥 위에는 연꽃봉을 단 익공 쇠서로 장식하였다. 지금의 건물은 1873년 운화당 보정(普淨) 화상이 세운 것이라 한다.

명부전 옛날 금탑전 자리에 신축한 건물로 현재는 지장보살과 시왕상을 봉안하고 있다.

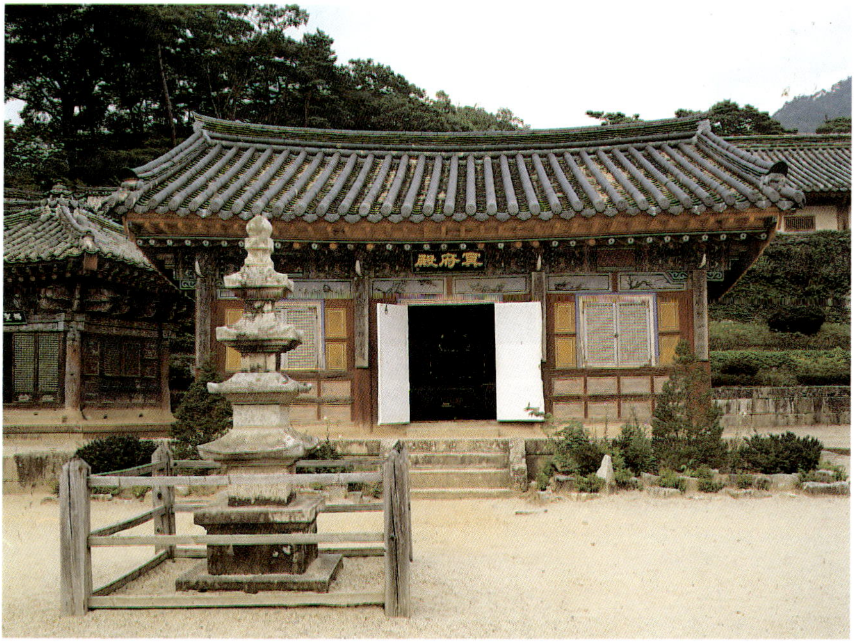

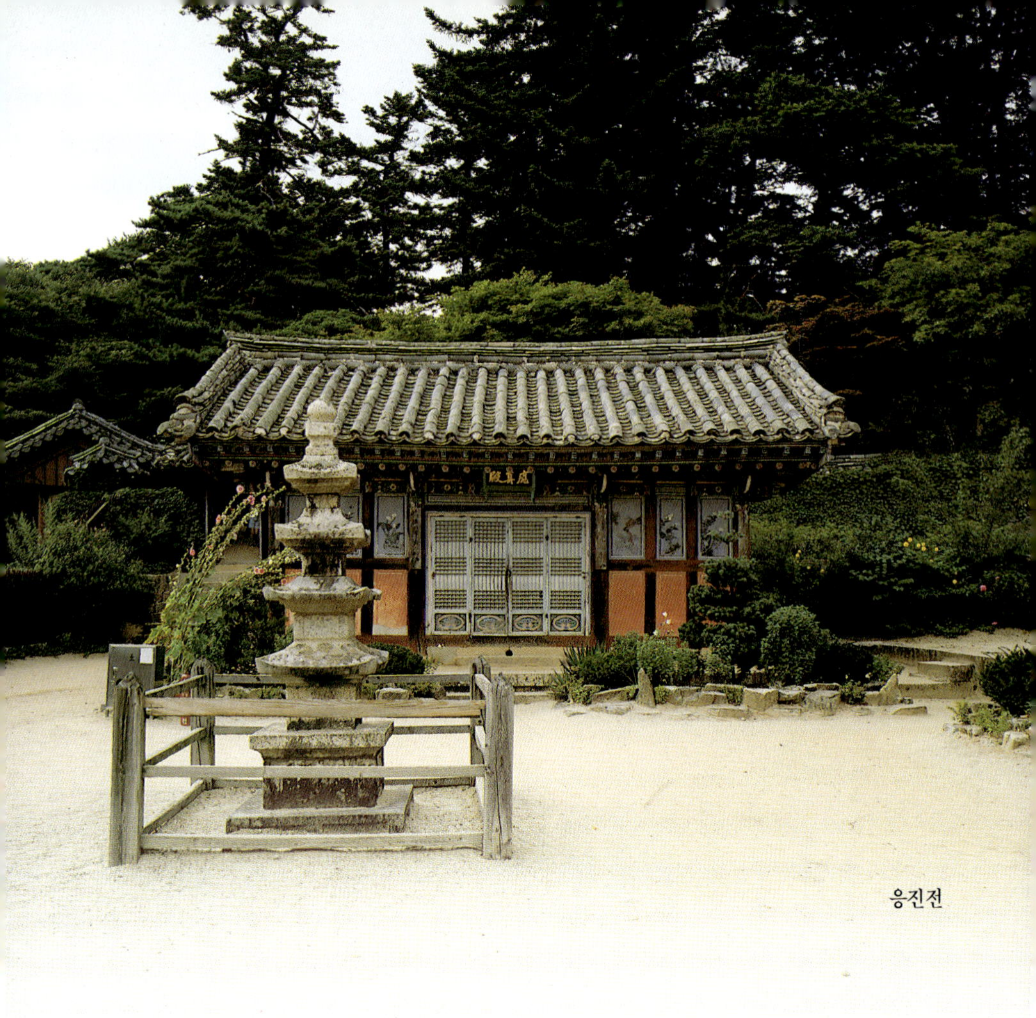

응진전

응진전

명부전 앞 서쪽에 동향을 하고 있는 정면 3칸, 측면 단칸 맞배 연화초 익공계 집이다. 정면 중앙칸에는 4분합 살문을 달고 협칸과 측면 벽에는 중방을 두르고 세로로 벽선을 세워 벽을 여러 판으로 구분하여 정면 위판에만 벽화를 그렸다. 이 건물은 1817년 제월당 성안(聖岸) 대사가 세워 십육 나한상(十六羅漢像)을 모시었다고 한다.

삼성각

명부전 서북측에 있어 평면이 6각형인 특이한 것으로 정면의 분합문 위에는 '獨聖閣(독성각)'이란 현판을 달았다. 기둥 위에는 창, 평방(昌平枋)을 두르고 그 위에 복잡한 살미초로 장식하였으나 짜임새가 좋지는 않다. 내부에는 독성상을 모시었다. 이 건물은 1940년에 세워진 것이다.

경학원

궁현당 뒤에 있는 건물로 정면 5칸, 측면 4칸 다포계의 팔작지붕을 한 집이다. 지대석(地臺石)과 면석(面石) 그리고 그 위에 갑석(甲石)을 잘 짜은 기단 위에 세워진 건물인데 특히 이 기단 전면 양측에는 용머리를 조각하여 밖으로 돌출시켰을 뿐 아니라 이무기와 같은 기괴한 모양의 동물상을 부조하여 장식하였다. 건물의 전면에는 두 짝 분합문을 달았는데 문 밑은 청판이고 중앙에는 8각 완자살과 그 위에는 빗살무늬의 살창으로 짠 것이다. 기둥 위에는 창, 평방을 두르고 그 위에서 외2출목으로 연화초(蓮花草) 앙서(仰舌)를 둔 조선 후기식 공포를 짜았다.

이 건물은 1892년 통제사(統制使) 민형식(閔炯植)의 주선으로 범운(梵雲) 대사가 창건하였다고 하며 지금은 도서실로 사용되고 있다.

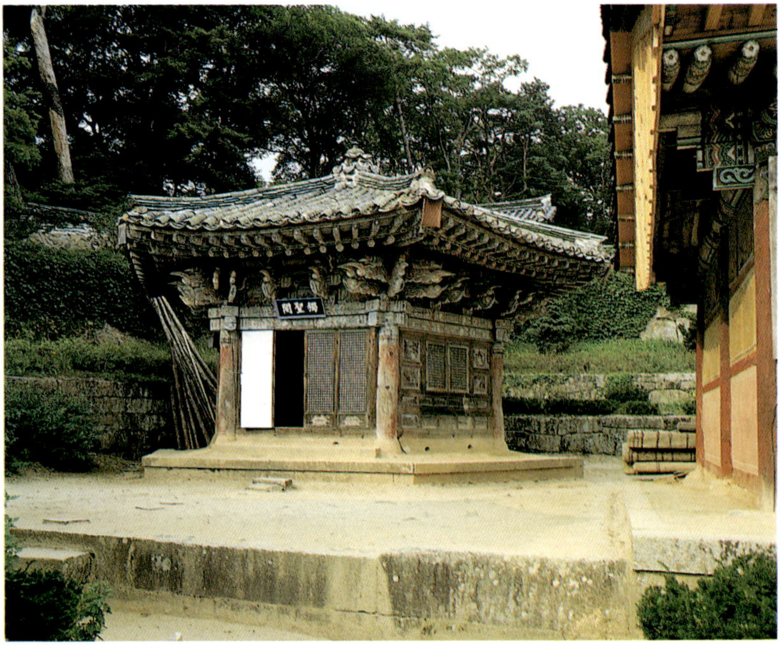

삼성각 독성각이라고도 부르는 이 건물은 6각형의 특이한 건물로 1940년 운호 스님이 창건했다.(위)

국사단 지금의 건물은 1899년 중수한 것으로 가람신을 봉안하고 있다.(옆면)

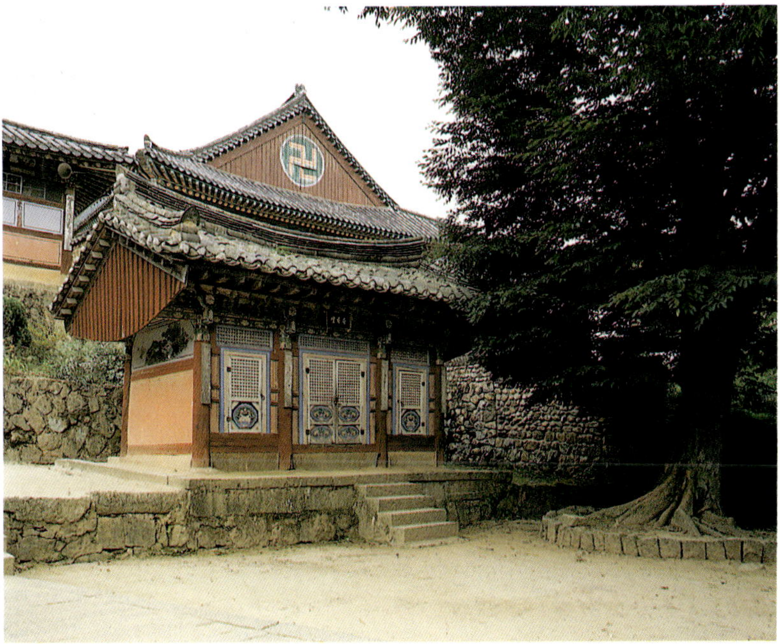

국사단

가람(伽藍)의 수호신으로 국사대신을 모신 곳이다. 1805년에 창건하였다고 하며 1899년에 중수하였다. 전면에 석축과 같이 쌓은 기단 위에 정면 3칸, 측면 1칸의 규모가 작은 민도리 맞배집이다. 건물의 정면에만 정자 살문을 두어 출입을 하도록 하였다.

이상의 건물들말고도 궁현당과 관음전, 불교 회관(보경당), 사운당 등이 있으나 거의가 근래에 새로 고쳐 세운 건물이고 그리고 서북편에 외따로 세운 선원과 경내의 범종루도 근래에 신축한 건물들이기 때문에 이에 대하여는 기타 건물과 함께 생략한다.

해인사 성보(聖寶)

홍치4년명 동종(弘治四年銘銅鐘)

불교 의식에 사용되는 모든 용구를 넓은 의미에 있어서 불구(佛具)라 하고, 그 대표적인 용구는 사물(四物)에 제한된다. 이 사물은 조석 예불에 사용되는 기본적인 의식 용구로서 범종(梵鐘), 홍고(弘鼓), 목어(木魚), 운판(雲板)을 가리킨다. 이들은 모두 타악기로서 그 가운데 대표적 불구는 범종이라 할 수 있다.

대체로 범종이라면 대종을 말하는 것으로 되어 있으나 넓은 의미에서의 범종이란 불교 의식에 사용되는 모든 종을 범종이라 해도 좋을 것이다.

해인사에는 고대에 속하는 범종은 없고 다만 조선 초기에 제작된 아름다운 범종이 있어 일찍부터 주목되어 왔다. 이 종은 대종은 아니고 전체 높이 약 3자에 불과한 일종의 중종(中鐘)이다. 곧 해인사 중심 법당인 대적광전의 의식에 사용되는 종이다. 종의 형태가 아름다울 뿐만 아니라 종신에는 명문이 있어 그 조성 연대를 알 수 있는 귀중한 자료로 평가되고 있다. 곧 명문은 종신의 유곽 바로

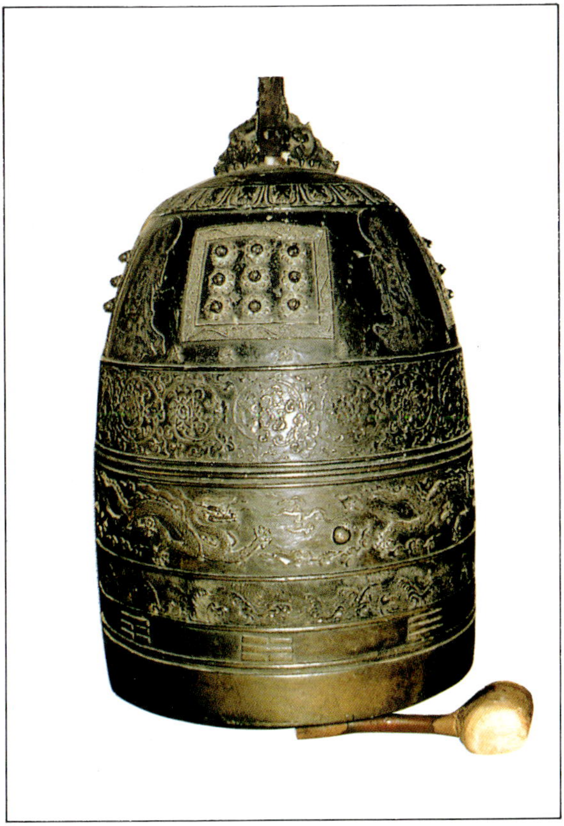

홍치4년명 동종 조선 초기 1491년에 제작된 이 범종은 높이 3자 되는 아름다운 중종이다. 종신에는 명문이 있어 그 조성 연대를 알 수 있는 귀중한 자료로 평가되고 있다.

아래 돌아가면서 네 부분으로 나누어 다음과 같이 양각되었다.

홍치4년」 신해춘성」 해인사적」 광전종(弘治四年」 辛亥春成」 海印寺寂」 光殿鐘)

홍치4년 신해는 조선 성종 22년(1491)에 해당되며 글자의 크기는 1.8센티미터에서 2.5센티미터이다. 그러니까 이 종의 제작은 조선 초기 해인사의 대적광전이 중건될 당시 조성되어 오늘날까지 500여 년 동안 본래 위치에서 그 기능을 수행해 왔음을 알게 된다.

종의 형태는 신라나 고려의 범종과 달리 양식적으로는 많은 변화를 나타내었다. 곧 종두와 종신의 변화 가운데서도 특히 종두의 꼭지 부분인 이른바 용두(龍頭)의 길이에는 현저한 차이가 있다. 신라의 종은 한 마리의 용을 종두에 배치하는 이른바 단룡의 용두로서 그 양식적 특징을 삼았으나 이 종에는 쌍두(雙頭)로서 서로 반대 방향으로 향하고 있다. 쌍룡의 형태는 종의 규모에 비하여 작은 편이나 사실적이고 생동감이 있다.

종신 역시 보존 상태가 매우 좋으며 각부의 조각은 선명하다. 상대(上帶) 부분에는 세 가닥의 굵은 선을 마련하여 견대(肩帶)를 마련하였고 그 내면에는 21엽의 홑연잎을 복련(伏蓮) 형태로 양각하였다. 그리고 견대 밑에는 네 곳에 이른바 유곽을 배치하였는데 유곽 속에는 각기 9개의 유두(乳頭)를 튀어나오게 조각하였다. 이 유곽의 특징은 위의 견대에 접촉되지 않고 제각기 당초문의 띠를 두른 장방형 유곽이 별도로 형성된 점이라 하겠다. 그리고 4개의 유곽 사이에는 각기 네 구의 보살 입상을 배치한 것이 돋보인다. 보살상은 그 형태가 뚜렷한 양각에 원형의 두광을 지녔고 보관은 화려하게 나타내었다. 각부의 상호 역시 잘 정돈되어 원만한 인상을 주며, 두 손은 합장하였고 법의의 주름 역시 유려한 수법으로 잘

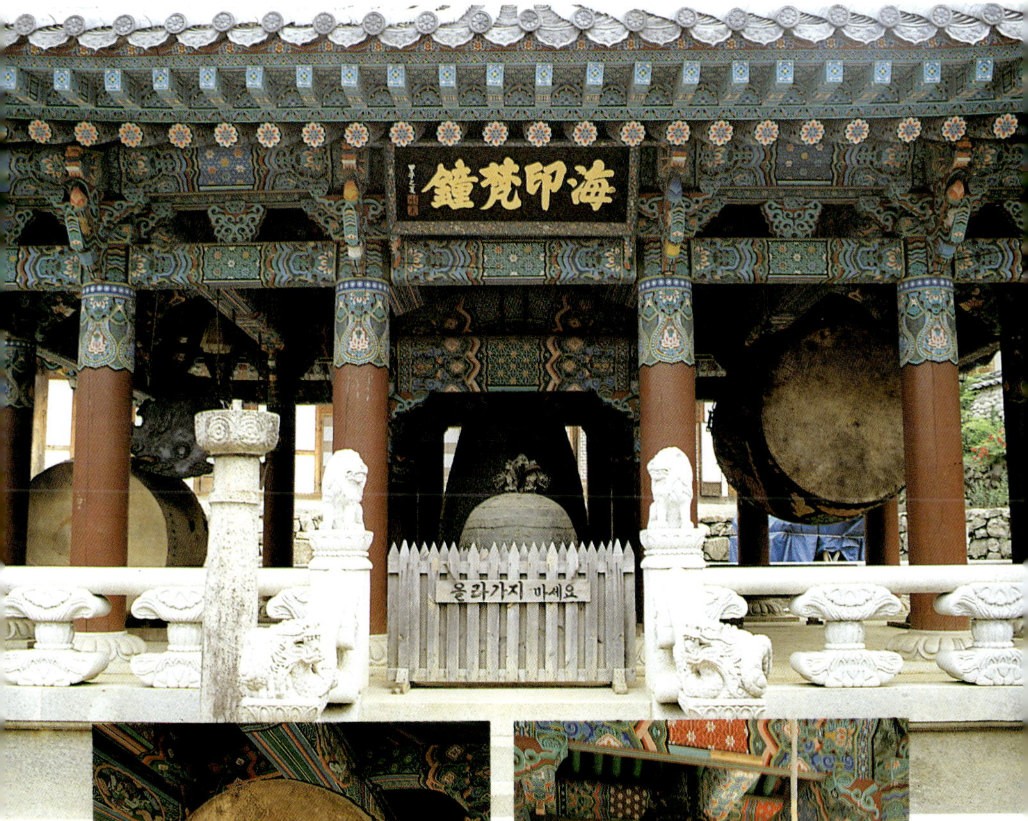

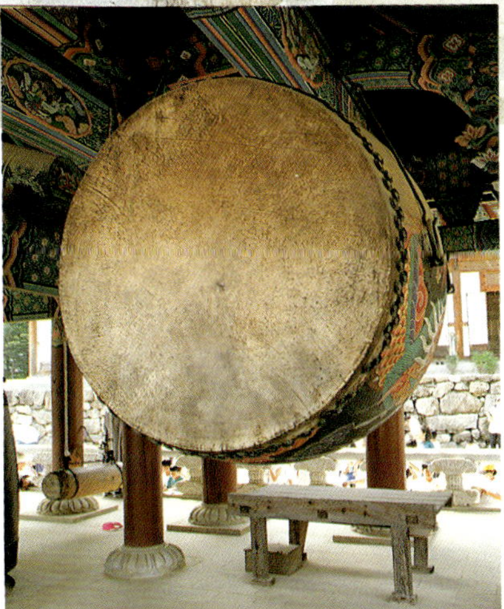

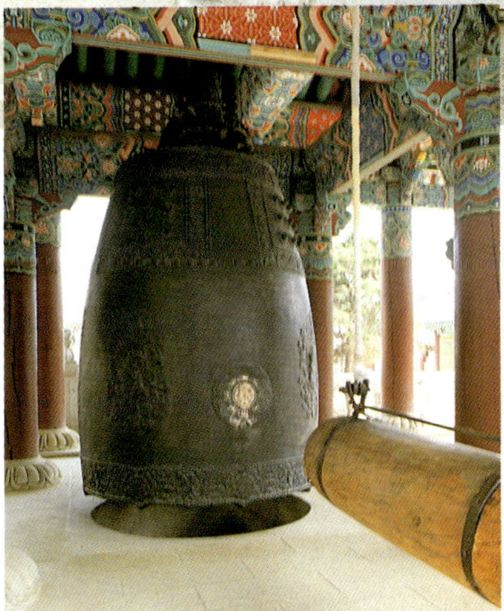

범종루에 있는 해인범종과 법고

범종루에 있는 운판

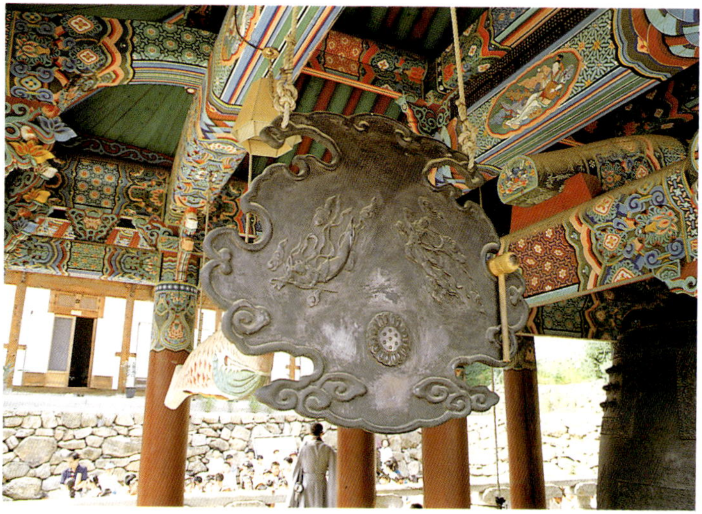

처리되었다.

종신의 중앙부에는 세 가닥의 굵은 선으로 상하로 구획하였는데 그 윗부분에는 당초문과 보상화문을 아름답게 표현하였다. 그 아래에는 네 곳에 용과 구름을 사실적으로 조각하였다. 이들 운룡문(雲龍紋) 아래에는 한 가닥 굵은 선으로 구획을 짓고는 돌아가면서 파도문을 나타내어 큰 바다 위에 나르는 용을 상징하였다. 그리고 흥미로운 것은 이들 파도 문양대 아래 다시 굵은 선으로 구획을 짓고는 팔괘(八卦)를 양각으로 배치하였다. 종신에 4개의 유곽을 배치하여 모두 36개의 유두를 나타낸 것은 사계절을 상징하는 절기와도 순응한 표현이라 하겠다. 팔괘를 직접 나타낸 것은 유교 사회에 있어서의 중요한 상징이 되고 있는 팔괘가 불전의 범종에까지 적극적으로 표현된 것으로 이해되어야겠다. 종의 하단부 팔괘가 있는 아랫부분에는 아무런 조각이 없다. 대체로 이 부분에 종을 치는 당좌(撞座)가 있기 마련이지만 이 종에는 생략되었다.

종의 전체 높이는 65센티미터, 하대 직경이 57센티미터이며, 아래쪽 두께는 60센티미터로서 크지 않은 중종임에 비하여 각부의 조각이 선명한 매우 장식적인 종이라 하겠다.

고려대장경판(高麗大藏經板)

해인사에 소장된 상당수의 성보 가운데 우리의 관심을 끄는 것은 단연 대장경판이다. 이 대장경판은 흔히 팔만대장경이라 말하나 그것은 수량적인 별칭에 불과한 것이고 그 정식 명칭은 고려대장경판 또는 해인사대장경판이다. 현존하는 대장경판은 재차 조성된 것이므로 이를 통칭 재조대장경(再雕大藏經)이라 한다. 따라서 초조대장경은 고려 현종 때 글안병을 물리치기 위하여 조성하였는데 총 1,076종 5,048권으로서 이는 팔공산 부인사(符仁寺)에 봉안되었다가 1232년(고려 고종 19) 몽고병의 침입으로 불타 버렸다. 이에 고려 조정에서는 다시 부처님의 힘으로 몽고 군대를 물리치기 위하여 강화에 대장도감(大藏都監) 본사(本司)를 두고 진주 등지에 분사(分司)를 설치, 1236년(고종 23)에 시작하여 1251년(고종 38)에 이르는 무려 16년 만에 대장경을 완성하였다. 이때의 대장경은 1,496종 6,568권, 81,258매이다. 그러나 흔히 종류와 권수를 달리 기록한 경우가 있는데 그것은 종경록(宗鏡錄) 등 15종의 보유판(補遺板)을 비롯하여 이른바 사간(寺刊) 또는 사간(私刊) 장경을 포함하고 있는 것으로서 이들까지 합하면 1,501종, 6,708권이 되는 셈이다. 그러나 매수는 81,258매가 학계에 통용되는 숫자이다. 이들은 처음 강화도 선원사(禪源寺)에 소장되었다가 1398년(태조 7) 서울의 지천사(支天寺)를 거쳐 다시 현재의 해인사로 이관된 이른바 국보 제32호 해인사대장경판이다.

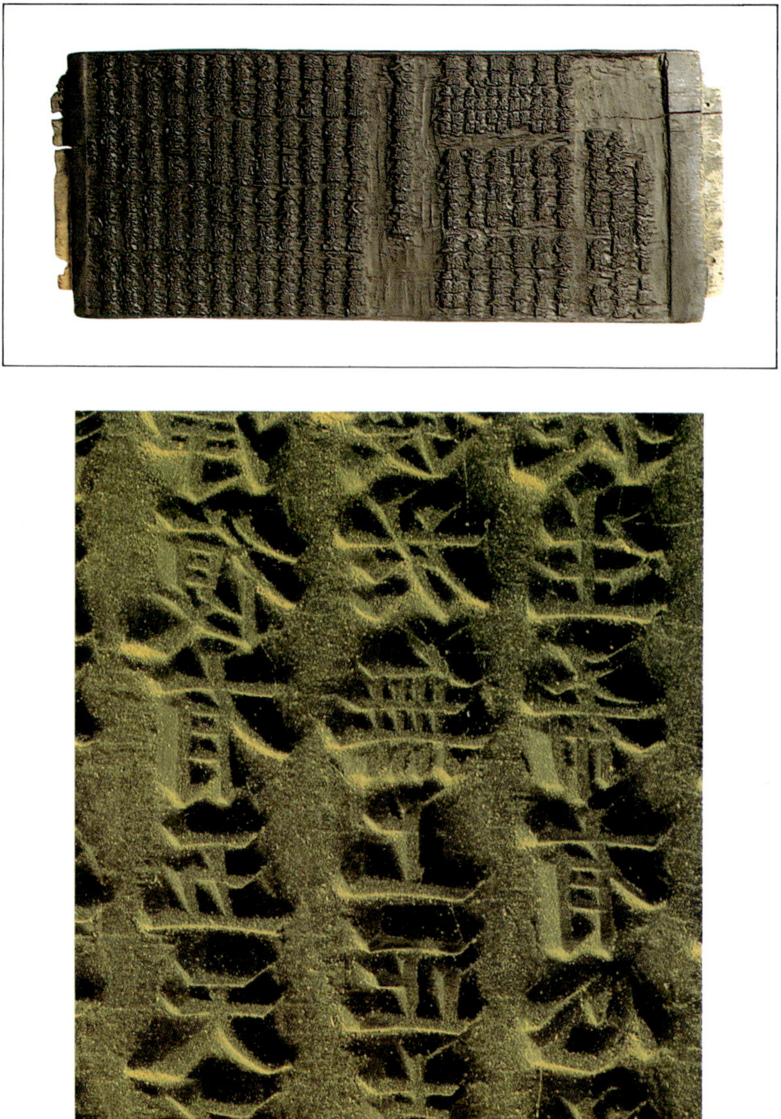

「화엄경」 권45 경판(위)과 해인사 팔만대장경판 부분(아래)

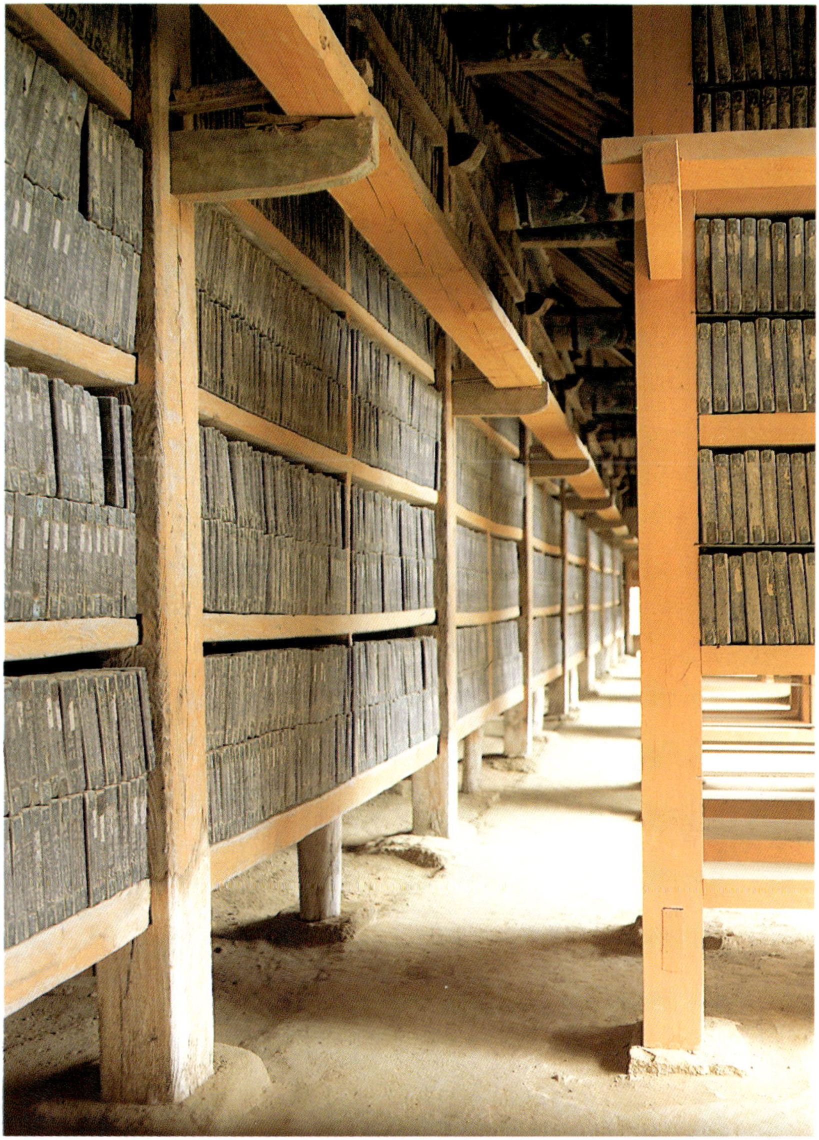

대장경판전 내부 해인사 장경각 안에는 세계적으로 유명한 고려대장경판이 보관되어 있다.

경판의 크기는 세로 약 25센티미터, 가로 약 70센티미터로서 양면에 각자되었고 1면에 23행, 1행 14자이다. 현종 때의 조성으로 알려진 초조대장경이 1행 15자임에 비하여 현존 대장경의 판식이 다른 것은 초조대장경의 인본을 단순히 복각한 것이 아니라 이를 더욱 보완하여 낱낱 다시 조성하였다는 데 놀라움을 금할 수 없다. 곧 재조장경에서는 초조장경과 달리 당당하게 간지의 연대와 고려국의 국명과 함께 '대장도감봉칙조조(大藏都監奉勅雕造)'라는 기록을 남기고 있다. 판면에는 옻칠을 하였고 마구리를 대어 판목의 뒤틀림을 방지하였는데 이는 보관할 때 판면의 손상, 공기의 소통, 취급상의 편리 등을 고려한 것으로 판단된다.

사실 해인사의 고려대장경은 우선 물량적으로 방대한 수천만 자에 달하는 글자가 한결같이 고르고 정밀한 서각(書刻) 예술품이란 점에서 크게 평가된다. 뿐만 아니라 당시 개태사(開泰寺)의 승통(僧統)으로 있던 수기(守其) 등이 북송판(北宋板), 거란본, 초조대장경 등의 내용을 비교 검토하여 탈자, 오자, 누락된 글자 등을 바로잡아 가장 정확한 대장경을 만들었던 것으로 더욱 유명하다. 따라서 고려대장경은 인류 문화사에 있어서 불후의 대금자탑을 이룩하였다는 점에서도 끝없는 민족의 긍지를 느낀다. 더구나 그것이 외침을 받고 있는 절박한 상황 속에서 이를 완성하였던 것은 곧 고려인의 끈질긴 민족 정신과 남다른 불심을 엳보게 하는 계기가 될 것이다.

오백나한도 사경(五百羅漢圖寫經)

불경을 필사하는 자료는 먹을 사용하는 이른바 묵서경이 우리나라의 경우 신라 이래로 보편화되었다고 짐작되지만 현존 유품은 매우 희귀하다. 다만 현존 최고의 작품은 호암미술관 소장의 백지묵

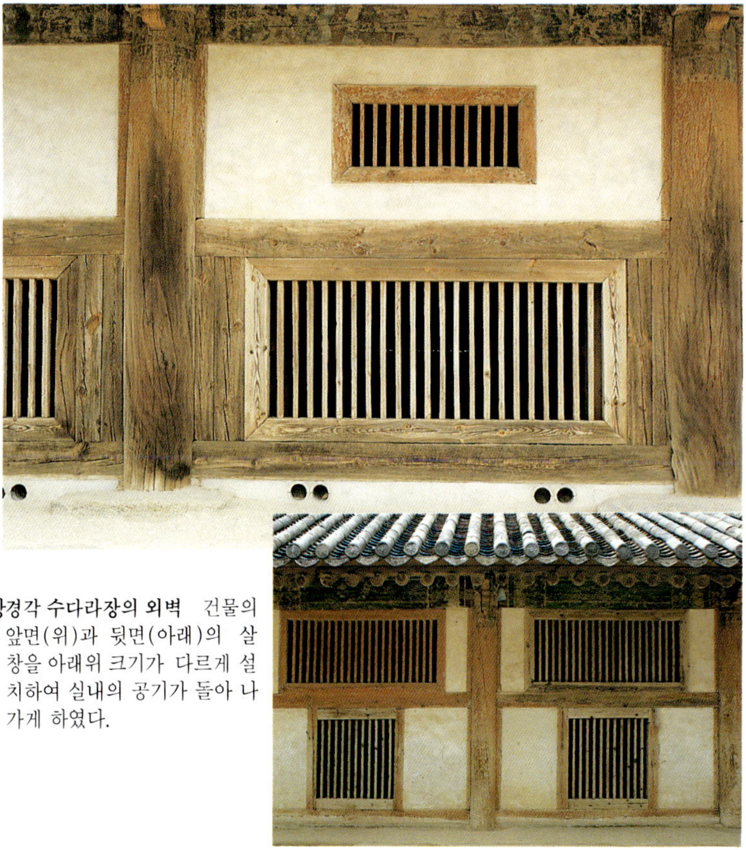

장경각 수다라장의 외벽 건물의 앞면(위)과 뒷면(아래)의 살창을 아래위 크기가 다르게 설치하여 실내의 공기가 돌아 나가게 하였다.

서「화엄경」이다. 이같은 묵서경을 바탕으로 하여 이후 금은과 같은 고가의 재료를 사용한 이른바 장식경의 유행을 보게 된다. 기록에 따르면 이같은 장식경 역시 신라 말기에도 이미 제작된 것으로 짐작되고 있으나 실질적인 유행은 그 이후 고려 귀족들의 취향에 영합하여 제작된 것으로 알려져 있다.

특히 고려시대에는 목판 대장경뿐만 아니라 이같은 금은자의 대장경을 제작한 사례와 현존 유품이 있어 고려 불교 문화의 일면을

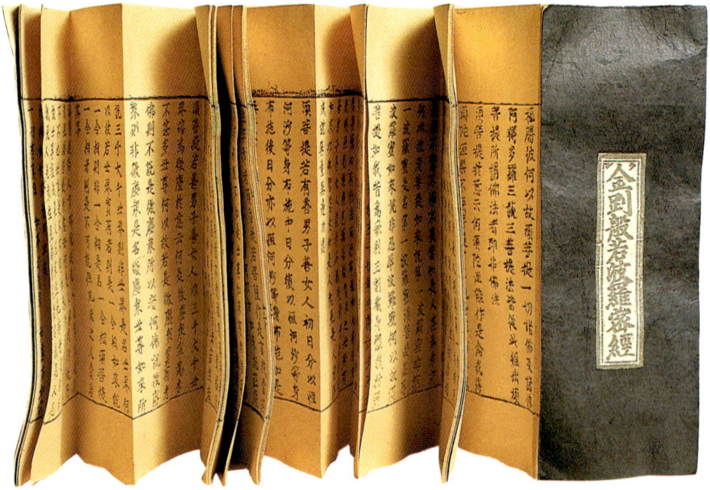

절첩본「금강경」

알게 한다. 이러한 장식경의 제작은 불경의 영원성을 갈망하는 불도들에 의하여 불교를 신봉하는 여러 나라에서 널리 유행하였다고 짐작되는 바 그 오랜 전통은 조선시대 후기까지도 계속되었다.

이곳에 소개되는 오백 나한도 사경 역시 이같은 장식경의 일종이지만 이는 연대적으로는 그 말기에 속하는 청나라 건륭황제(乾隆皇帝) 때의 제작이다. 그 형태는 절첩(折帖)으로서 모두 27매로 구성되었으며 총길이는 661센티미터에 가로 24.5센티미터, 세로 31.5센티미터이다. 그러니까 일종의 검정색 화첩에 불화와 불경을 필사하였는데 그 수법이 특이하여 일찍부터 주목되었다. 그 발문에는 청나라의 건륭황제가 보리수잎을 구하여 당시 이름난 화가 정관붕(丁觀鵬)으로 하여금 완성케 한 것으로 되어 있다. 화첩의 내용은 42수관음보살(四十二手觀音菩薩), 500나한 그리고 사천왕을 그려서 화첩의 오른쪽에 붙이고 그 왼쪽 첫장에는 은자로「반야심경」을 쓰고 또 금자로 「금강경」을 정성들여 필사하였다. 표제에는 「어제정관붕오백존나한책(御製丁觀鵬五百尊羅漢冊)」이라 하였으나 사경과 함께 구성되었으므로 오백나한도 사경이라 함이 좋을 것으로 생각된다.

그림은 매우 정교하게 모두 보리수잎에 그렸는데, 잎의 크기는 대체적으로 높이 23.5센티미터, 폭 16.5센티미터이다. 그 첫장에는 42수관음을 그렸고, 그 다음부터 500나한을 각기 다른 형태로 묘사하였으므로 그림의 주체는 500나한에 있다 하겠다. 그 구성도 보리수잎의 상부에 네 구의 화불(化佛)을 그리고, 아래쪽에는 매장 20명의 나한을 그렸는데 나한도는 전체 25매로서 정확하게 500명의 나한을 등장시킨 셈이다. 끝부분에는 사천왕을 그렸고 그 좌편에 발문을 적고 있다.

나한도는 역대로 조사 신앙에 입각하여 회화나 조각상으로 다양하게 제작되었다. 이처럼 보리수잎을 이용한 사례는 매우 희귀하다. 보리수가 뜻하는 상징적 의미도 귀중한 자료가 되지만 보리수 자체에 나한을 등장시킨 그 구상에 있어서도 괄목할 만한 작품이다. 더구나 500의 나한을 각기 다른 형태로 표현하고 있는 것은 곧 종교화의 차원을 넘어 예술적 기량에 있어서도 크게 성공한 작품이라 하겠다.

이 화첩은 1947년 당시 주지 임환경(林幻鏡) 화상이 구득(求得)하여 사중에 헌납한 것으로 되어 있다.

세조 영탱(世祖影幀)

해인사에는 조선시대 세조의 진영을 봉안하고 있는데 이는 불심이 돈독하였던 세조가 해인사를 각별히 비호하였던 결과라고 판단된다. 대장경판이 강화도로부터 운반되어 해인사에 봉안된 것은 1398년(태조 7)경으로 알려져 있지만, 이후 대장경의 보관과 함께 그 인출은 세조 즉위 4년이 되는 1458년에 왕이 직접 신미(信眉) 등에게 명하여 이룩될 수 있었다. 사실 대장경의 인출은 워낙 방대하여 국가적 지원이 없이는 도저히 불가능한 사업이었지만 이때 세조는 대장경 50부를 인출하여 전국의 큰 사찰에 봉안케 하였다. 그 이후에도 세조는 해인사에 이관된 장경의 봉안을 위하여 장경각을 확장 개수토록 하였으며, 1483년(성종 14) 세조의 비 정희왕후 역시 해인사 중건을 도모하였으나 그 마무리를 못하자 1488년(성종 19) 인수왕비와 인혜왕비가 뜻을 모아 학조 대사에게 공사 감독을 명하여 대장경 판당(板堂)을 중건하였다. 또한 3년 동안의 공사 끝에 대적광전을 비롯하여 법당과 요사 160여 칸을 신축하는 대대적인 불사를 이룩하였다. 이 모든 것이 세조의 불사 공덕임은 말할 것도 없다.

이같은 해인사 비호의 장본인이 된 세조를 위하여 그 영정이 해인사에 봉안되었다고 하겠는데, 그 봉안 장소가 금탑전(金塔殿)이었다고 생각된다. 그러다가 금탑전이 훼철되자 장경각에 봉안되어 근래까지 전래되었다고 하겠다. 또한 이 진영 이면에 기록된 발문(跋文)에 따르면 1458년(세조 3)의 제작으로 되어 있고, 이 해는 앞서 언급한 대장경 50부를 인출한 해가 되므로 아마 추측컨대 대장경 인출을 기념하여 이 진영을 봉안한 것으로 판단된다.

그림의 구도는 전각의 보개 아래에 어관과 홍의의 용포로 정장하여 옥좌에 앉은 세조를 묘사하였으며 그 좌우에는 사신과 동자가 시립해 있는 단순한 구도로 구성되었다. 채색은 홍록이 주조를 이루고 있으며 그 필법으로 보아 세조 당시의 제작인지 그 이후 다시 모사된 것인지는 판단하기 어려우나 혹시 이후의 모사가 아닐까 의심이 짙기도 하다. 그러나 그림 뒷면의 발문에는 모사에 대한

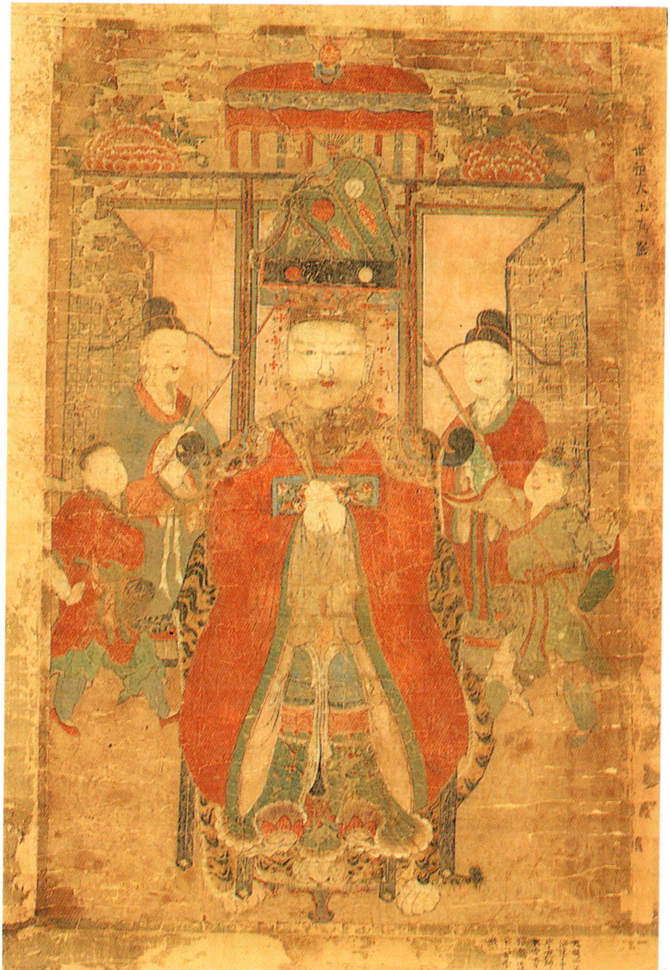

세조 영탱 세조 3년에 그린 것으로 높이 109센티미터, 폭 72센티미터이다. 세조는 대장경 50부를 인출하고 각 당우를 중수한 대공덕주이므로 그 진영을 그려 봉안했다 한다.

내용은 기록되지 않았고 세조 3년(1488)에 전교를 받들어 어진을 조성하여 해인사 금탑전에 봉안한 것으로 되어 있다. 이 기록을 의지한다면 세조 당시의 조성임은 의심할 여지가 없으나 이에 대하여는 앞으로 더욱 추구(追究)되어야 할 것이다. 여기서 말하는 금탑전이란 대적광전 옆의 현 명부전 자리로 알려져 있으나 이 건물은 명부전이 건립된 고종 10년(1873) 이전에 이미 폐허가 되었던 것으로 짐작된다. 따라서 금탑전이 폐허가 되자 세조 영탱은 장경각으로 이안되었다가 근래 보물장으로 옮겨 전래된 것으로 판단된다.

그림의 앞부분에는 화기(畵記)가 있는데 이는 판독이 어렵고, 뒷면에 있는 다음과 같은 발문으로써 그 경위를 짐작케 한다.

> 天順二年戊寅秋印經」佛事中領中樞院」事尹師路承政院都」承旨曺錫文等奉」傳教造成於御眞」奉安于海印寺金塔」殿」

곧 세조 3년(1488) 가을 대장경 인경 불사(印經佛事) (사실은 같은 해 4월에 대장경 50件을 畢印하였음)에 중추원 사(事)인 윤사로와 승정원 도승지 조석문 등이 전교를 받들고 어진을 조성하여 해인사 금탑전에 봉안하였다는 내용임을 알게 한다. 그러므로 이 발문은 그 조성 연대를 밝히고 있는 중요한 기록이 되며, 나아가 그 조성 동기가 곧 해인사 대장경 인출을 기념하여 조성된 것으로 판단된다. 진영의 크기는 가로 72센티미터, 세로 109센티미터로서 일반적 조사(祖師) 영탱의 크기와 비슷하다.

목조 희랑 조사상(木造希郎祖師像)

신라 말 고려 초, 화엄종의 고승이었던 희랑 조사의 목조상은 우리나라 초상 조각에서도 백미가 되는 매우 희귀한 작품으로 평가되고 있다. 「사전(寺傳)」에 따르면 희랑 조사는 889년(진성여왕 3)에 탄생하여 956년(광종 7) 77세를 일기로 입적(入寂)한 것으로 알려져 있다. 그는 15세에 해인사에 출가하여 이후 고려 태조의 건국을 도와 태조의 복전(福田)이 되었던 것으로 유명하다.

「사전(寺傳)」에 따르면 희랑 조사는 생전에 자신의 모습을 조각하였다고 하는데 이것이 사실이라면 그는 조각에도 매우 뛰어난 기량을 지녔던 것으로 판단된다.

조각상의 높이는 모두 82센티미터로서 보물 제999호로 지정되어 있다. 그 모습은 결가부좌에 가사와 장삼을 입었고 얼굴은 메말라 있으면서도 생동감이 흘러넘치는 전형적인 수행자의 모습을 나타내었다. 머리는 완전히 민머리에 이마의 주름과 함께 이목구비를 모두 사실적으로 처리하였으며 자비로운 미소를 머금은 얼굴 모습 역시 그 표현에 성공한 작품이라 하겠다. 신체의 묘사는 두터운 법의로 인하여 특징적 표현이 감추어져 있으나 앞가슴과 목 부위 역시 사실적 처리를 하였다. 특히 앞가슴에 구멍이 뚫어져 있어 주목되는데 이로 인하여 사적기에는 그를 가리켜 흉혈국인(胸穴國人)이라고 하는 흥미로운 말을 전하게 한 계기가 되었다. 또는 앞가슴의 구멍은 그가 화엄 삼매에서 방광(放光)을 한 자취라는 구전이 있을 정도로 희랑은 이적을 남긴 고승으로 추앙되기도 한다.

두 손은 왼손 위에 오른손을 포갠 매우 안정된 자세를 취하였으며, 큼직한 손의 앙상한 뼈의 표현 역시 사실적이라 하겠다. 장삼은 흰색 바탕에 적색과 녹색의 둥근 화문을 나타낸 장식적 문양이 있는 것으로 보아 이는 필시 국왕의 하사품으로 짐작된다. 가사는 붉은색 바탕에 녹색 굵은 선으로 이어져 복전의 형태를 잘 나타내었다. 왼쪽 어깨의 전후에 가사를 고정시킨 매듭이 사실적으로 표현되었는데 우견편단(右肩偏袒)의 법의(法衣) 또는 장삼의 사실적 표현

희랑 조사상 희랑 조사가 직접 자신의 모습을 조각했다고 전해지는 목조상이다.

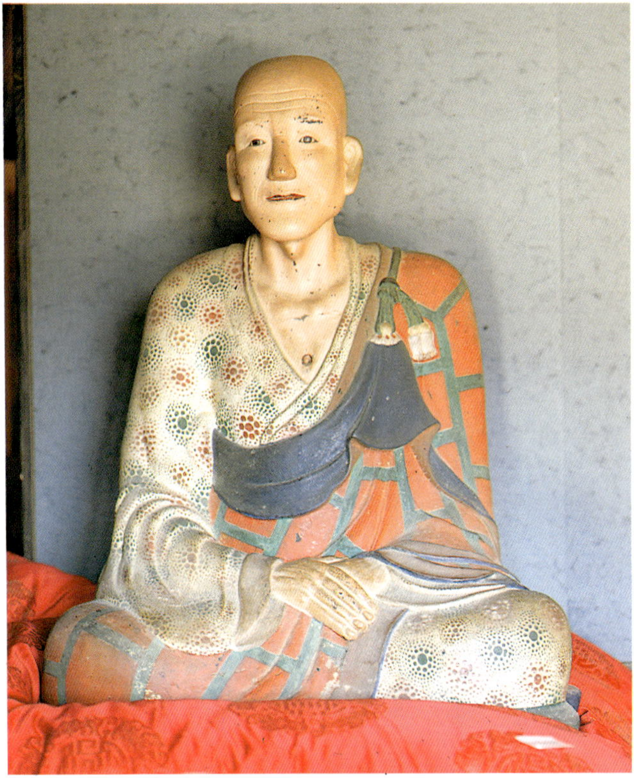

등은 모두 우리나라 고대 승의(僧衣) 연구에 귀중한 자료를 제공하고 있다.

이 조각상이 목조상으로 판명되었으나 표면은 삼베와 같은 천으로 감싸고 그 위에 옻칠과 같은 덧칠을 하고 다시 채색한 것으로 판단된다. 따라서 조성 당시의 모습에 어느 정도의 개채가 있었는지는 자세히 알 수 없으나 현상으로 봐서는 원래의 모습에 별다른 변화가 없었다고 보는 것이 타당하리라 본다. 그것은 조각상이 지닌 사실적 기법 그리고 원상을 유지한 보존 상태라든지 승상의 자애로운 인상에서 더욱 그러하다. 따라서 이 조각상은 우리나라의 흔치 않은 고대 초상 조각의 연구에 귀중한 단서가 될 뿐 아니라 해인사의 고승으로서 고려 초 북악계(北岳系) 화엄의 대가였던 희랑 조사의 실존 인물상의 사실적 표현이란 점에서 더욱 주목된다.

경허(鏡虛) 스님 필(筆) 방함록(芳啣錄)

근세 한국 불교의 선풍(禪風)을 불러일으킨 경허 스님의 친필 「방함록」이다. 스님의 법명은 성우(惺牛)로서 1849년 전북 전주에서 출생하여 9세에 광주 청계사에 출가하였다. 이후 동학사에서 경학을 수학하여 23세에 동학사 강사가 되었다. 31세 되는 해에

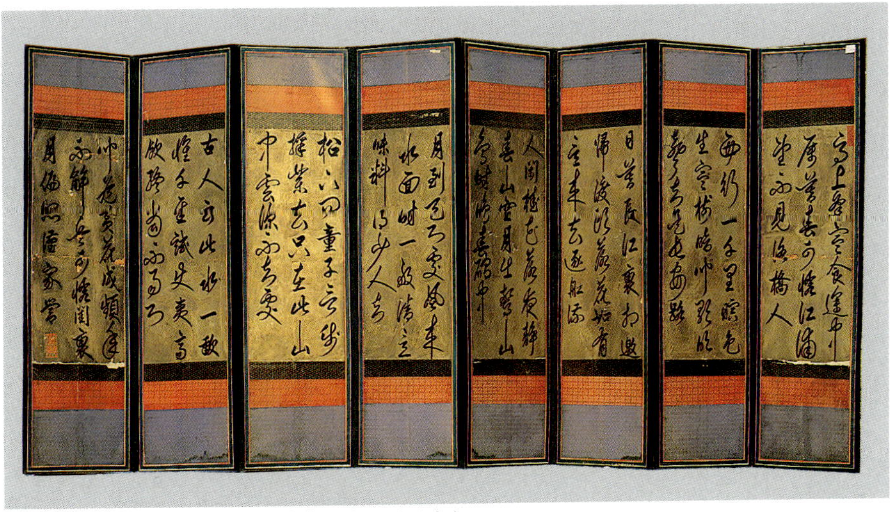

숙종 어필 조선 시대 숙종의 어필로 만든 병풍이다.

전염병이 창궐한 마을을 지나다가 생사의 절박함을 홀연히 깨닫고는 강석을 폐하여 문을 닫고 좌선하여 묘지(妙旨)를 크게 깨달았다. 그는 32세에 홍주 천장사에서 용암(龍巖)의 법을 이은 뒤 전국 도처에서 선풍을 드날린 근세 한국 선종의 중흥조이다. 곧 해인사, 범어사, 마하연, 석왕사 등지를 다니면서 1912년 62세로 입적하기까지 근세 한국 선종에 일대 활력을 불어넣은 고승으로 알려져 있다.

이 친필 「방함록」은 대체로 그의 말년이 되는 1899년 해인사에 선당(禪堂)인 수선사(修禪社)를 개장하고 그해 10월 동안거(冬安居)의 이른바 방명(芳名)에 서문(序文)을 쓴 그의 친필 유묵(遺墨)이다. 곧 그의 서문 다음에 이어서 기록된 수선사의 선중방함(禪衆芳啣)은 다른 사람의 글씨로 이어지고 있는데 그 첫장의 제일 처음에는 조당(祖堂) 경허 성우(鏡虛惺牛)로 기록된 것으로 보아 그가 바로 당시 해인사 선원인 수선사의 최고 어른인 조실(祖室)이었음을 알 수 있다. 그리고 그 다음으로 열중(悅衆) 지전(知殿) 등의 소임자(所任者)의 명단이 열거되고 있다. 따라서 당시 경허 화상을 조실로 모시고 동안거 참선 수행을 하였던 선원의 소임과 선객들의 명단을 기록하고 있으므로 이는 곧 근세 한국 선원의 형태를 알 수 있는 귀중한 자료가 되기도 한다. 그 크기는 세로 50센티미터, 가로 30센티미터이며 한 장본의 방책(方册)으로 구성되었다.

그 첫줄에 "해인사수선사방함인(海印寺修禪社芳啣引)"이라 하였다. 그 내용을 풀이하면

방함을 기록하는 까닭은 뒷사람들에게 보이려 하는 것인데 뒷사람에게 보이려 하는 것은 무슨 뜻인가. 몸은 거품과 같고, 목숨은 바람 앞의 등불처럼 위태로우니 이를 경책하여 격려하는 자는 누구며, 법성(法性)은 본래 공(空)하고, 혜일(慧日)은 장명

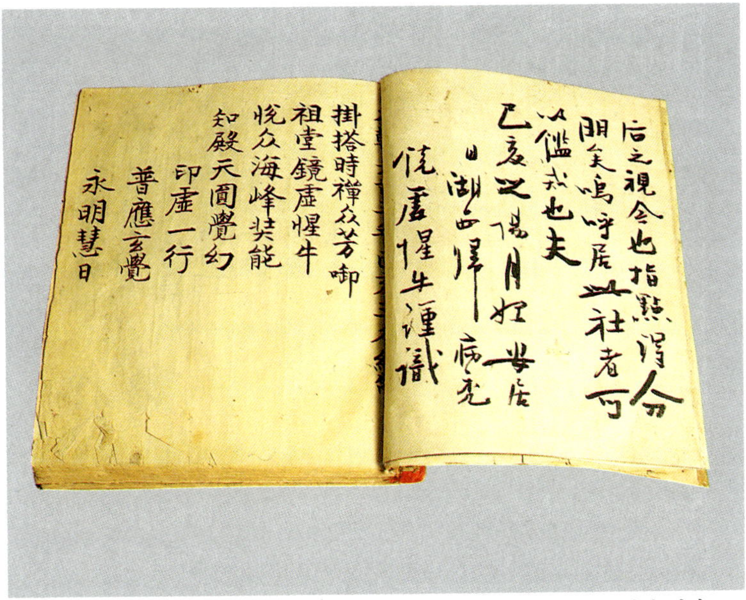

경허 스님 친필「방함록」 근세 한국 불교의 선풍을 불러일으킨 경허 스님의 친필 「방함록」은 그의 말년에 수선사를 개장하고 방명에 서문을 쓴 것으로 길이 50센티미터, 폭 30센티미터이다.

(長明)하나니 능히 깨닫는 자 이 또한 누구랴? 옛날은 지금을 보이는 것이므로 오히려 지금은 옛날을 보이는 것이고, 뒷날 뒤를 보이는 것은 또 오히려 뒷날의 지금을 보이는 것이니 점지함이 분명하도다. 오호라! 이 수선사에 거처하는 자는 이를 거울삼아 경계할지로다.

기해 10월 안거일 호서귀 병독 경허 성우는 삼가 기록하노라.

海印寺修禪社芳啣引 書芳啣所以然者 示後人也 示後人也 以何意 身隣泡漚 命危風燈 知策勤者 是誰也 法性本空 惠日長明 能悟入者 又是誰也 古之視今 猶今之視昔也 后之視後 又猶后之視今也 指點得分

明矣 嗚乎 居此社者 可以鑑戒也夫

已亥之陽月 始安居日 湖西歸 病禿 鏡虛惺牛 謹識

이 밖에도 범어사에서의 안거 때 기록한 이같은 방함록이 현재 통도사 박물관에 소장되어 있기도 하다. 따라서 경허 화상은 당시 해인사, 범어사를 비롯하여 남방의 이름난 선원에서 안거하였고 그때마다 매양 선원의 최고 우두머리인 조실의 위치에서 방함록에 서문을 쓰셨음을 알게 한다.

김정희 필(金正喜筆) 상량문(上樑文)

해인사의 사적을 보면 잦은 화재의 기록을 지니고 있다. 특히 조선시대 이후의 기록에 따르면 수차에 걸친 화재 사실을 알려 주고 있다. 조선 초기 국가적 지원 아래 학조 대사에 의한 해인사 중창으로부터 200여 년이 지난 숙종 21년(1695)의 실화에서 비롯하여 모두 6회에 걸친 화재 사실을 알 수 있다. 그러나 이때마다 대장경을 보관하고 있는 판당(板堂)은 화재를 모면할 수 있었는데 이는 곧 법보 도량에 대한 호법의 영험이 아닐 수 없다.

그런데 보다 흥미로운 것은 조선시대 서예가로 널리 알려진 추사 김정희가 해인사의 잦은 화재 방지를 위하여 대웅전의 상량문을 썼다고 하는 구전이 있다. 곧 이는 당시 경상 관찰사로 있으면서 해인사 건립에 공헌한 추사의 아버지 김노경(金魯敬)의 역할을 먼저 생각할 수 있겠다. 그는 아들 김정희로 하여금 해인사 대웅전 건립을 위한 권선문(勸善文) 곧 시주를 권하는 글을 짓게 하였고 동시에 건물의 상량문을 짓도록 하였다. 이때 상량문에는 「법화경」 '화성유품(化城兪品)'의 팔방(八方) 16불명(佛名)과 함께 「아미타경」의

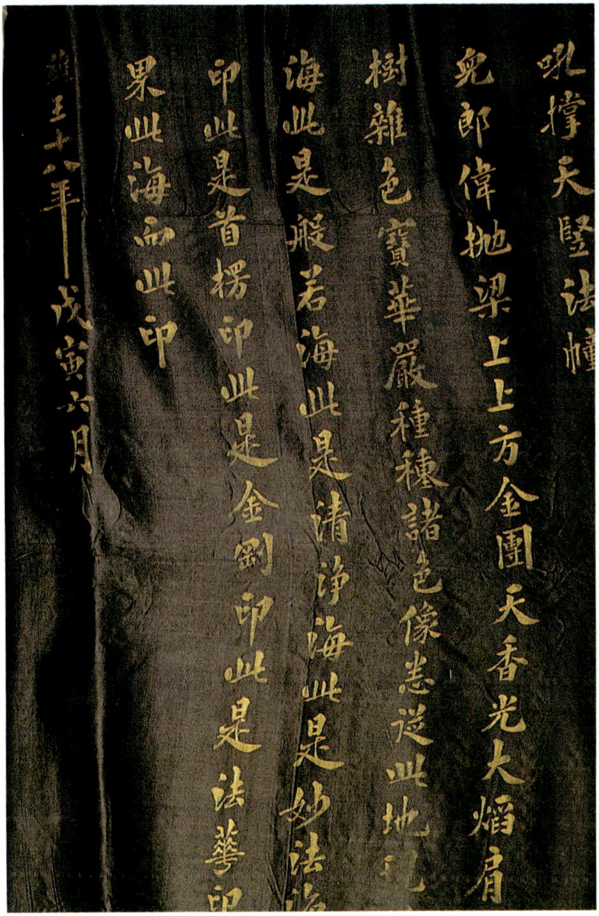

김정희 필 상량문 감색 비단에 금니로 된 이 상량문 끝에는 화재를 진압하는 하나의 비방으로 육위사를 등장시켰다.

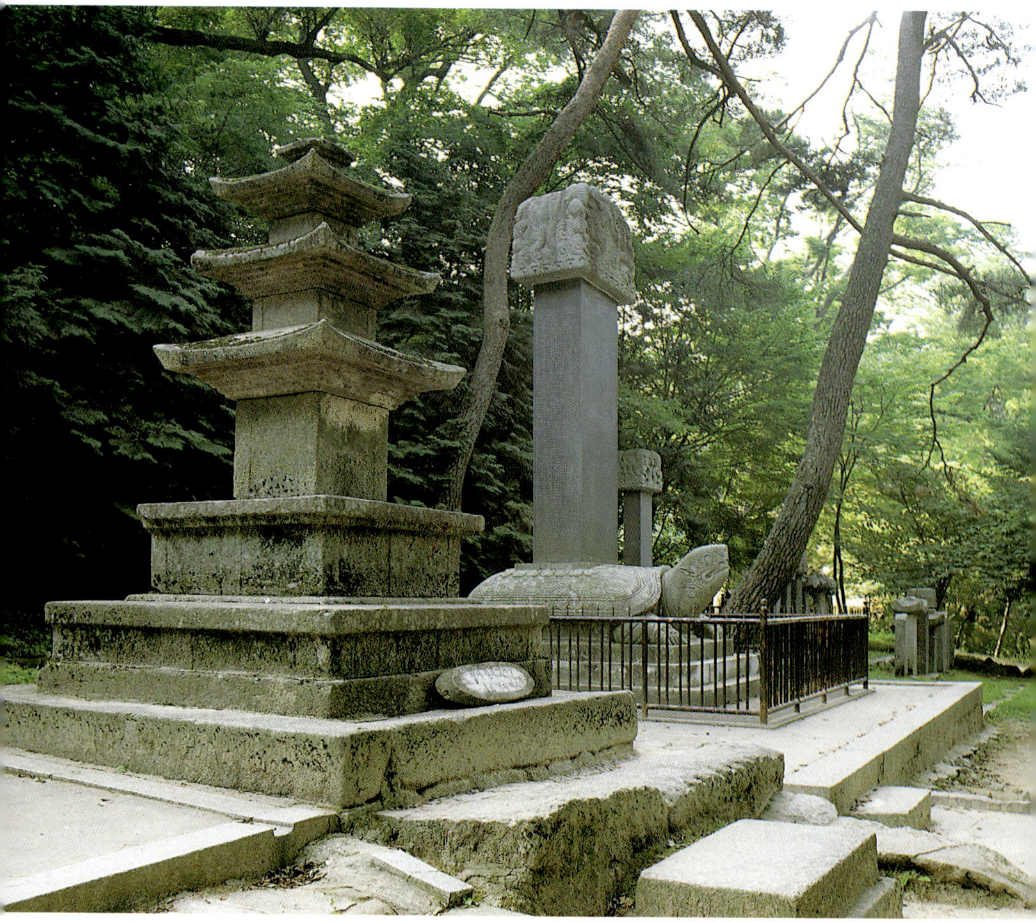

길상탑 해인사 일주문 앞에 있는 이 3층석탑은 높이 3미터의 전형적인 신라 석탑으로서 여기에서 발견된 탑지와 사리구 등은 당시 해인사의 실상과 신라 말의 사회상을 고찰하는 데 큰 도움을 주고 있다.

육방(六方) 불명으로 상량문 끝에 붙이는 육위사(六偉詞)를 등장시켰는데 이 모든 것이 화재를 진압하는 하나의 비방으로 생각되었다는 것이다. 이같은 비방으로 인하여 해인사는 그 이후부터 화재가 없었다고 한다.

현재 해인사의 보물장에 보관중인 추사의 상량문은 1961년 대웅전을 수리할 때에 발견된 것이라고 하는데 감색 비단에 금니(金泥)로서 방정하게 필사되었다. 그 제작 연대는 조선 순조 18년(1818)으로 알려져 있다.

길상탑(吉祥塔)

해인사의 일주문 밖에 3층의 아담한 소탑이 있다. 총높이는 3미터에 지나지 않는 규모가 작은 탑이지만 이 탑이 지닌 건립 배경은 시사하는 바 크다.

대체로 우리나라의 석탑은 대웅전 전방 중앙 또는 그 좌우에 배치되는 것이 원칙이고 또 이들은 불사리 봉안에 따른 신앙적 내실을 지니기 마련이다. 그러나 일주문 밖의 이 석탑은 먼저 그 위치에서부터 종래의 전형적인 불탑 신앙 형태와 다른 것이 특이하다. 더구나 그것이 일주문 밖 길 옆에 배치된 그 위치로 보아 단순히 장엄적인 소탑으로 생각되었지만 1966년 이 석탑에서 나왔다고 하는 탑지(塔誌)와 소탑(小塔)의 발견으로 인하여 신라 말기의 사회상과 함께 해인사의 실상을 알게 하는 귀중한 단서가 되기도 하였다.

먼저 석탑의 형태에서 주목되는 것은 신라시대 전형 석탑 양식을 그대로 반영한 2중 기단 위에 3층의 탑신부를 형성하였다는 점이다. 기단부의 우주, 탱주 또는 탑신부의 우주 모각 등을 비롯하여 옥개석의 층급 받침이 5단을 형성한 점 등이 모두 신라 석탑 양식을 그대로 반영하였다. 이같은 양식은 곧 석탑 내부에서 발견된 탑지의 기록에서도 확인되었는데 그 연대와 함께 조성 배경을 소개해야겠다.

이 석탑은 1966년 여름 석탑 내부의 유물을 절취한 전문 도굴범들이 검거됨으로써 그 성격이 세상에 알려졌다. 곧 도굴단이 석탑 안에서 절취하였다고 자백한 유물은 4매의 탑지와 157기의 소탑 등이다. 탑지의 내용으로 보아 상당수의 법보(法寶) 곧 불경이 봉안된 것으로 되어 있으나 그 행방에 대해서는 아직 밝혀지지 못한 채 당시 수습된 유물만 오늘날 국립중앙박물관에 소장되었다.

먼저 157기의 소탑은 그 수에 있어서 도굴단이 감추고 있다는 것이 분명하다. 그것은 신라시대 불탑의 소의 경전이라 할 수 있는 「무구정광대다라니경」에 따르면 불탑 내부의 사리 장엄 법식은 소탑 99기와 77기를 상륜과 탑신에 봉안토록 되어 있으므로 전체 176기이므로 이들은 19기의 소탑이 망실되었음을 알게 한다.

이와 함께 우리의 관심을 끄는 것은 4매의 지석인데 이들 가운데 일부를 저 유명한 최치원이 짓고 기록하였다는 점이다. 대체로 탑지의 크기는 세로와 가로 모두 23센티미터의 정방형에 두께 2.5센티미터 전(塼)으로 형성되었고 글씨는 자경(字經) 1 내지 1.5센티미터의 방정한 해서체로 음각되었다. 그 내용은 진성왕대의 불안한 사회상을 반영한 것으로서 세정의 혼란기를 틈타 전국 각처에서 봉기한 도적의 무리들이 해인사를 침범하자 이에 맞서 사보(寺寶)를 수호하던 상당수의 해인사 승려들이 사망하였음을 알게 하고 있다. 곧 해인사를 지키다가 목숨을 잃은 56명의 승속의 명단과 함께 이들의 영혼을 위로하기 위하여 이 탑을 세운 연유를 적고 있는 것이다.

그 건립은 진성여왕 9년(895)이며 석탑 건립에 소요되었던 비용과 인명(人名) 그리고 봉납된 법보의 명칭과 함께 일종의 조사(弔

辭)를 기록하였다. 그러므로 이 석탑은 일종의 위령탑적인 성격이지만 당시에 유행한 신라 전형 석탑의 형식을 그대로 반영하여 일주문 앞에 건립한 것으로 판단된다.

원경 왕사비(元景王師碑)

이 석비는 해인사에서 약 4킬로미터 거리의 가야면 야천리 탑동 반야사지에 건립되어 있던 것을 그 보존을 위하여 1961년 현 위치로 옮겨 왔다. 현재는 천왕문 뒤편에 비각을 마련하여 보존되었으나 명문도 상당수 마모되어 판독이 불가능한 부분이 많은 편이다.

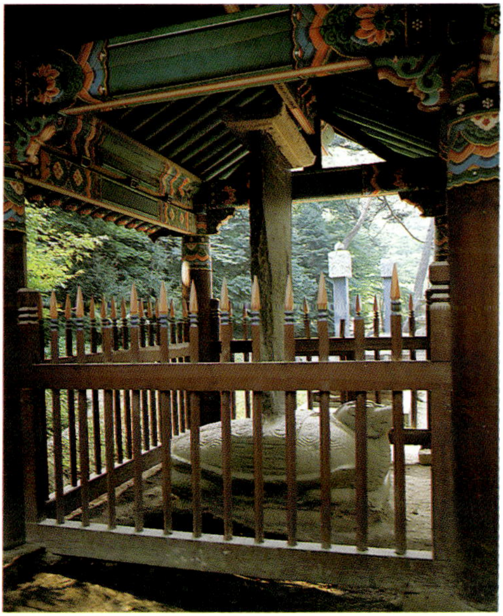

원경 왕사비 천왕문과 해탈문 사이에 있는 이 비각에는 원경 왕사비가 안치되어 있는데, 비석의 명문은 마모가 심한 편이다.

석비는 비두와 비신 그리고 귀부까지 갖추어 매우 정성들여 제작되었으며 비신은 일종의 안산암(安山岩)으로서 손상이 심한 편이다. 현재 보물 제128호로 지정, 보호되고 있으며 그 건립은 고려 인종 3년(1125)이다. 비문에 따르면 원경 왕사(1045~1114년)는 일찍이 영통사에서 경덕 화상 문하에 제자가 되어 19세에 이미 선불장(選佛場)에 뽑히어 대덕(大德)의 계위를 받았다. 경덕이 입적한 뒤에는 대각 국사를 따라 송나라에 들어가서 수학하고 선종 3년(1086)에 귀국하더니 숙종 때에는 승통이 되기도 하였다. 또한 그는 대각 국사가 흥왕사에 교장사(教藏司)를 두고 「속장경」을 만들 때 교정을 맡기도 하였으며 그의 만년인 예종 9년에는 왕사가 되어 귀법사에 있다가 그해 세수 70세, 법납 62세로 입적하니 시호를 원경이라 하고, 야천 반야사에서 다비하여 이 탑을 세웠다.

원당암(願堂庵)의 유물

가야산 해인사에 전해지는 고대에 속하는 유물은 대부분 원당암이라 불려지는 산내(山內) 속암(屬庵)에 있다. 물론 청량사라고 불려지는 가까운 거리의 사찰에도 중요한 석조 유물이 상당수 전해지고 있지만 이보다는 원당암이 해인사와 보다 밀접한 관계에 있는 사찰로 봐야 한다. 그것은 이 절의 본래 이름이 봉서사(鳳棲寺)라고 전해지고 있으나 신라 제51대 진성여왕대에 와서부터 각간(角干) 위홍(魏弘)의 원당(願堂)으로 되었기 때문에 원당암이라고 하는 별칭이 생겨난 것으로 생각된다. 그것은 진성여왕과 각별한 관계에 있던 각간 위홍이 진성여왕 즉위 2년(888)에 죽자, 그를 혜성대왕으로 추존하고 해인사를 혜성대왕 원당으로 삼았던 데서 유래된 것으로 생각된다. 또한 진성여왕은 즉위 11년이 되는 897년 6월에

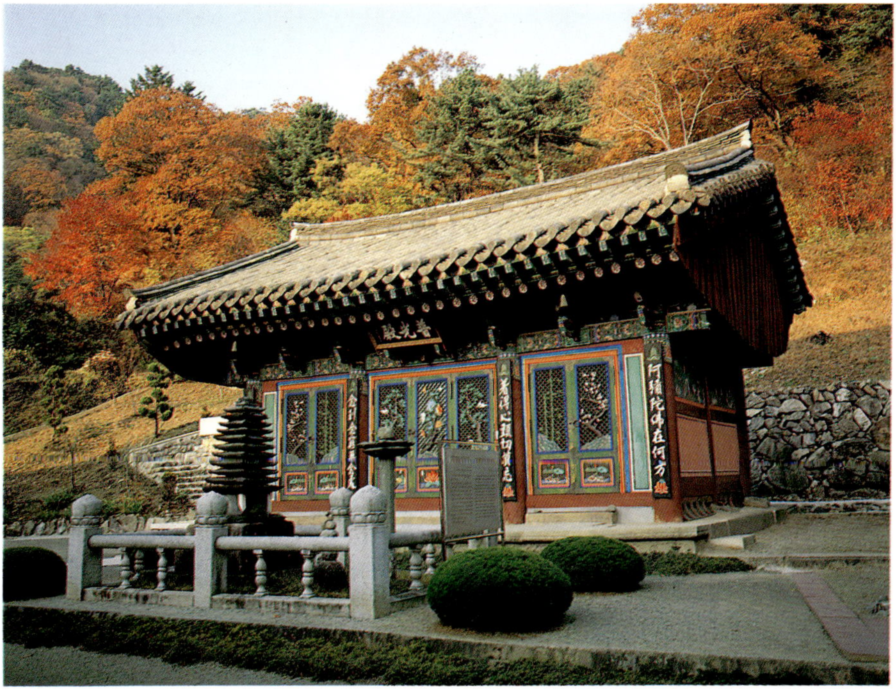

원당암 보광전 해인사에 속한 암자 가운데 가장 오랜 역사와 규모를 자랑하는 신라 왕실의 원찰이다.

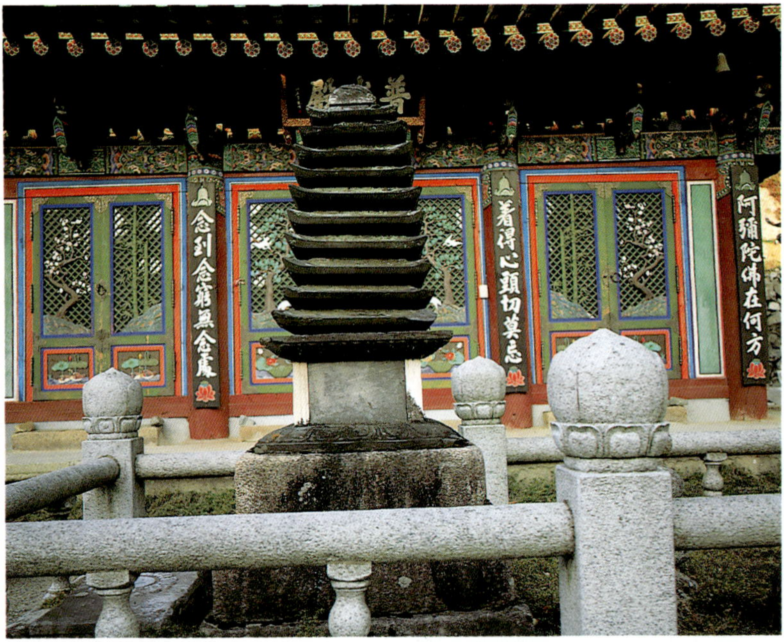

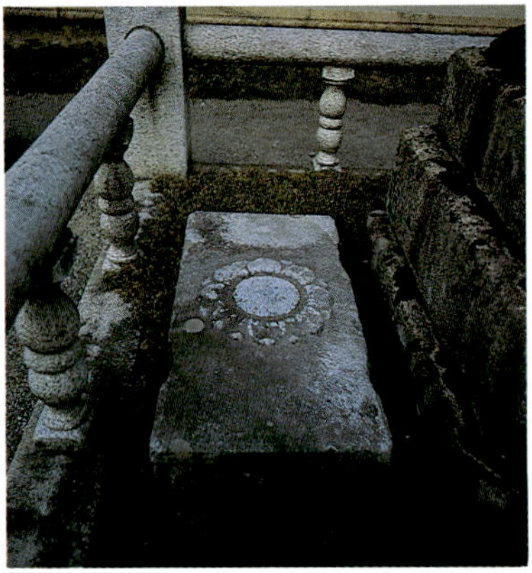

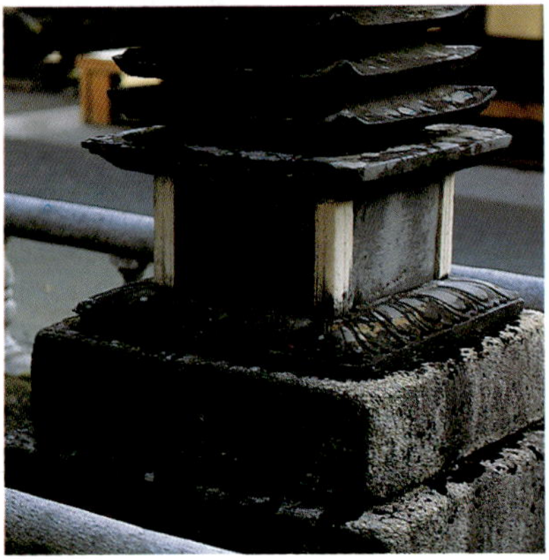

원당암 다층석탑 보물 제518호로서 일명 청석탑이라 부른다.(위)
원당암 배례석(아래 왼쪽)**과 다층석탑 부분**(아래 오른쪽)

왕위마저 효공왕에게 물려 주고 북궁(北宮) 해인사에 머물다가 12월에 세상을 떠나자 이웃한 황산(黃山)에 장사지냈다. 또한 진성여왕은 즉위 전에는 이미 북궁 공주(北宮公主)라고 불려졌고, 또한 이때의 북궁은 신라 서울의 북쪽에 위치한 해인사를 가리켰던 것으로 알려져 있다.

이러한 사실들로 보아 원당암에 있는 중요 유물들은 대체로 진성여왕대에 와서 위홍을 위한 원당으로 지목되면서부터 이곳이 새롭게 각광을 받기 시작한 때에 건립된 것으로 추정할 수 있다. 그러니까 그 제작은 888년에서부터 897년에 이르는 약 10년 사이의 기간으로 설정할 수 있을 것이다.

이곳에 현존하는 중요 석조 유물로는 보물 제518호 원당암 다층석탑 및 석등 그리고 배례석을 비롯하여 보광전의 축대 등을 지목할 수 있다.

이들은 모두 보광전 전방에 나란히 배치되었는데 먼저 석탑은 특이한 청석탑이다. 이같은 청석탑은 국내에서 흔치 않은 이른바 점판암 계통의 석재를 이용한 공예적 소탑이 주종을 이룬다. 이 탑 역시 현재의 총높이는 240센티미터에 지나지 않는다. 석탑의 구조는 지대석을 포함하여 3단의 화강석 기단 위에 대리석 탑신부를 마련하였고, 탑신의 네 모서리에는 독립된 석주를 배치하여 상부 옥개석을 받치고 있다. 초층 탑신부는 공간을 형성하여 내부에 사리장엄이 있었던 것으로 판단된다. 초층 탑신 상부에는 각층에 옥개석을 받쳤던 탑신석이 본래부터 없었는지 알 수 없으나 석탑의 체감률이 거의 없어 옥개석을 포개 놓은 듯하다. 곧 연화문 갑석 위에 모두 10매의 옥개석을 차례로 쌓아 두었고, 최상부에는 약간 불완전한 노반이 놓여 있다.

그리고 석등 역시 특이한 형태였다고 짐작된다. 곧 점판암을 이용한 희귀한 자료로서, 견고한 화강석 간주(竿柱)를 이용하여 시각적으로 단조롭게 처리되었다. 불을 켜는 화사석은 결실되어 알 수 없으나 이 석등의 본래 모습은 우아한 기품을 지녔던 것으로 판단된다. 그것은 간석을 받치고 있는 6각 점판암의 하대석 역시 6면에 6엽의 복련을 아름답게 조각하였고, 시원하게 솟은 6각의 간석 위에는 연화문을 지닌 상대 받침석과 옥개석이 놓여 있기 때문이다. 이들 연화문은 모두 12엽을 2중으로 조각하였다.

비록 이 석등이 화사석이 없어져 현재는 전체 높이 180센티미터에 불과하지만 본래의 모습은 다른 곳에서 그 유래를 찾기 어려운 귀중한 자료로 판단된다. 그것은 점판암과 화강석을 혼용하여 높이 솟은 화강석 간석 위에 화사석을 배치한 혼용의 석재를 이용하였다는 점이다. 또한 하대석 아래의 화강석 지대석은 이 석등을 지탱하기 위한 구조적 배려가 있었을 뿐 아니라 상하에 적용된 연화문 조각은 그 기품을 더해 주기 때문이다.

다음으로 청석탑 좌측에 있는 배례석은 보광전을 향하여 길이로 놓여 있다. 그것은 이 돌 위에서 예배하는 상징석으로 되어 있기 때문에 법당을 향하여 길이로 놓여 있다고 생각된다. 건립 초기부터 이렇게 길이로 놓였는지는 알 수 없다. 그것은 배례석의 상부 판석 중앙에는 직경 22.5센티미터의 연화문을 두텁게 양각하였고, 다시 7.5센티미터의 연꽃 자방(子房)을 조각하였기 때문에 이 위에서 예배하기에는 매우 불편할 것으로 판단된다. 뿐만 아니라 경우에 따라서는 법당을 향하여 길게 놓이지 않고 옆으로 놓이는 배례석도 있으므로 배례석의 용도는 그 위에서 예배하기보다는 향료와 촛대 등 의식 용구를 배치하였던 것으로 짐작된다. 곧 배례석이 위치하는 곳이 석탑의 전면인 경우가 있는 것으로 보아 그 위에 의식 용구를 놓고 법요(法要)를 행하였던 것으로 판단된다. 곧 큰 법요 때에는 그 전방 누각 건물에서 의식을 집행한 조선시대 이후의 사례로 보아 더욱 그러하다.

이 배례석의 전체 길이는 93센티미터에 폭 47센티미터, 그리고 높이 33센티미터의 한 돌로써 제작되었다. 배례석의 측면에는 안상을 조각하였는데 이들은 전후에 각각 두 구 그리고 측면에 한 구를 새겨 그 아름다움을 더하였다. 따라서 그 크기로 미루어봐서도 배례석 위에서 직접 예배하는 것으로 보기는 어렵다.

끝으로 원당암의 주된 법당인 보광전의 축대를 주목해야겠다. 이 축대는 보광전 전면을 아름답게 장식하고 있는 특이한 작품으로서 다른 곳에서는 그 유례를 보기 어렵다. 그 높이는 약 40센티미터에 불과한 나지막하지만 정성이 스민 품격있는 작품이다. 상부에는 아름다운 몰딩과 연꽃 문양을 지닌 머릿돌을 넓은 판석으로 배치했고, 그 아래 면석은 폭 약 51센티미터, 높이 약 27센티미터의 아름

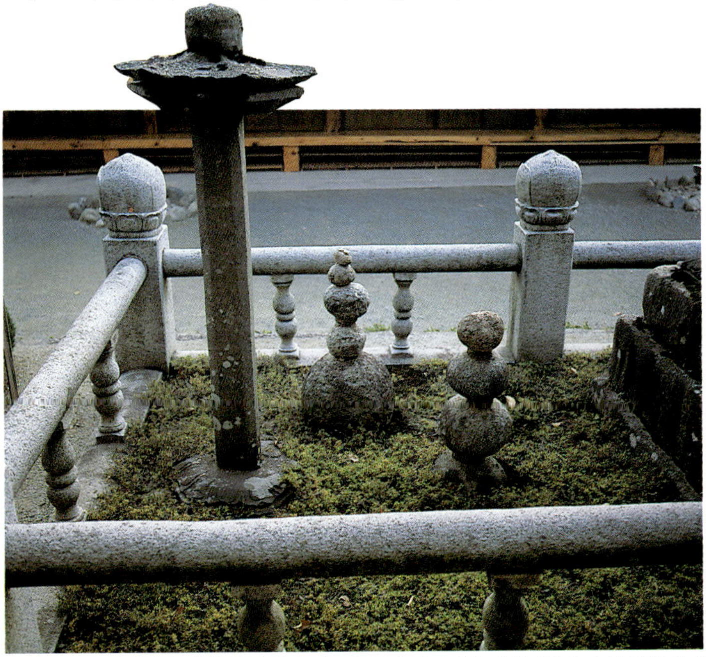

원당암 석등 점판암을 이용한 희귀한 석등으로서 화사석은 결실되었으나 석등의 본래 모습은 우아했을 것으로 추측된다.

다운 안상을 조각하였다. 안상의 형태는 배례석에 새겨진 형태와 동일하다. 이같이 보광전의 축대에까지 안상과 연화문을 새겨 존엄을 표현할 정도로 정성을 다한 것 역시 어쩌면 진성여왕의 여성적 섬세함이 작용한 결과라 하겠다.

이상 보광전의 석조물의 성격은 모두 위홍 각간을 위하여 온갖 정성을 다하여 조성한 진성여왕의 배려가 도처에 엿보인다 하겠다. 따라서 이곳의 중요 석조물은 모두 신라 왕실의 배려 아래 조성되었음은 물론, 그 가운데에서도 청석탑을 비롯하여 석등, 배례석 그리고 보광전의 축대에 이르기까지 그 조형 양식 등은 모두 자그마한 원당적 성격을 배경으로 하여 조성되었다고 하겠다. 동시에 그것은 헤성대왕 원당이 곧 진성여왕의 원찰(願刹)이었던 시대적 배경 속에서 이룩될 수 있었다고 하겠다.

기타 유물들

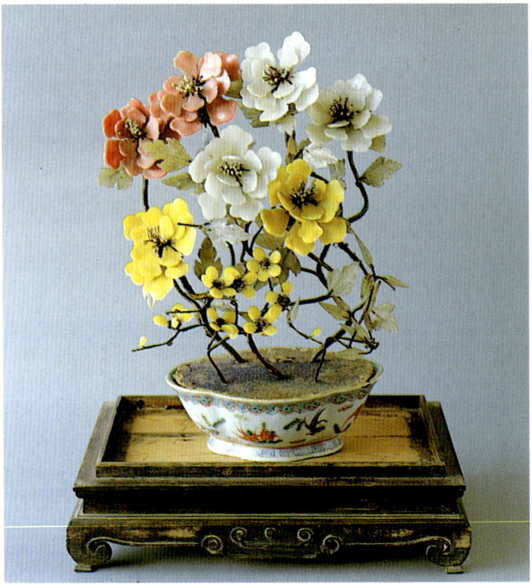

공양 조화 부처님께 바치는 공양 가운데 화(花)공양은 부처님의 덕을 찬탄하는 내용이기도 하다. 청대 문물의 흔적으로 보이는 화분으로 부처님 앞 불단에 장식했던 조화이다.

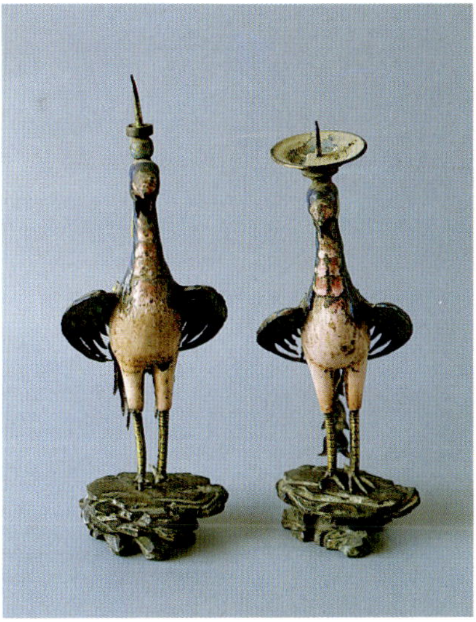

칠보 촛대 새 모양 칠보 촛대는 청나라 것으로 추측되는데 구한말에도 번성했던 해인사의 사세를 확인할 수 있는 물품이다.

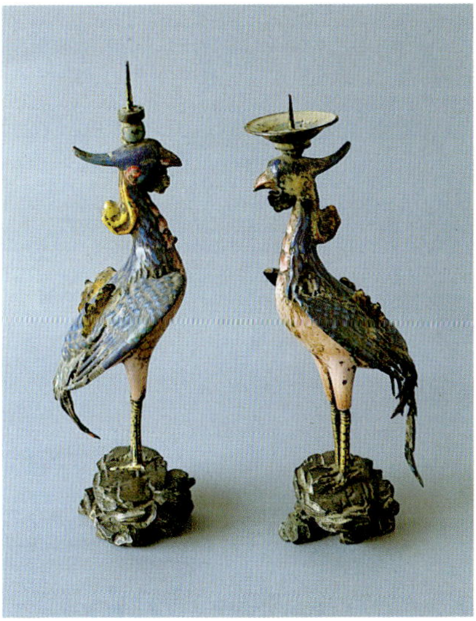

칠보 촛대의 옆모습 암석 위에 선 두 마리의 새는 금빛과 분홍 · 파랑의 선명한 색채가 돋보이는데 키가 다른 것으로 보아 암수 한쌍을 만든 것이다.

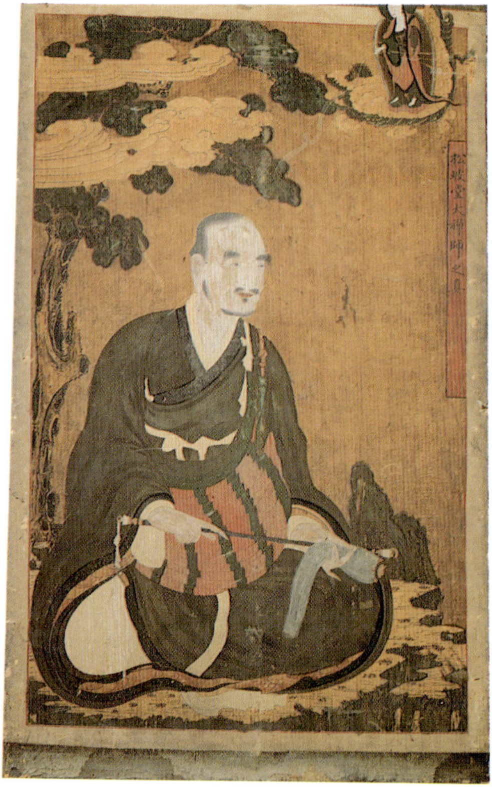

송파 대사 진영 해인사에 주석하였던 송파당 대선사의 진영은 일반적인 스님 진영의 형식인 불자를 들고 앉아 있는 모습이지만 화면 오른쪽 상단에 내영도에 등장하는 여래를 배치하여 화폭에 변화를 준 파격적인 것이다.

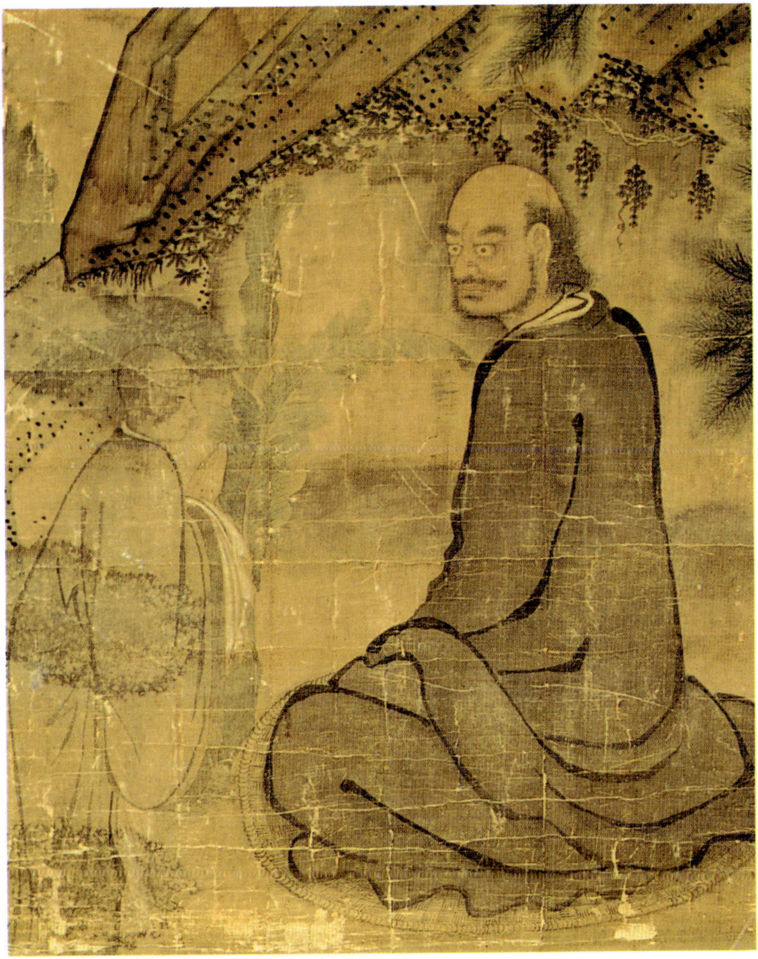

달마대사도 선화로서의 달마도는 간략한 선과 파묵 등이 인상적인 것이다. 이 그림은 달마 대사가 혜가 대사의 신심으로 피어난 파초를 보고서야 비로소 그에게 법을 전했다는 '설중단비'의 설화를 내용으로 그린 것이다.

After Koryŏ(918–1392) superseded Shilla, its founder king, T'aejo, elevated Haeinsa to the stature of the leader of all Korean Buddhist temples by making it the Temple of the Nation in reward to Abbot Hŭirang's assistance in his establishment of the new dynasty. Later on, the printing blocks of the ***Tripitaka Koreana***, carved in the 13th century and originally housed in Sŏnwonsa Temple, were brought here for safekeeping. Haeinsa thus became the veritable center of Buddhism and protector of the nation.

King Sejo(r. 1455–68) had Changgyŏnggak, the storage halls for the woodblocks, repaired and expanded in 1458. More storage halls were reconstructed in 1488 by the monk, Hakcho, on the order of Queens Insu and Inhye, to fulfil the wishes of the by-then deceased Sejo.

The many halls and dormitories of the temple were burnt to ashes numberous times, and even though they were rebuilt every time, Haeinsa has lost much of the magnificence of its prime. Strangely enough, however, the storage halls of the ***Tripitaka*** always escaped destruction and remain as they originally were.

The temple contains several National Treasures, including the ***Tripitaka Koreana*** woodblocks(National Treasure No. 32); the Changgyŏnggak repository(National Treasure No. 52); and other woodblocks carved during the Koryŏ period(National Treasure No. 206); as well as many cultural relics of Treasure stature, such as a seated stone Buddha; a multiple-story stone pagoda of Wondang-am Hermitage; and a stele to Royal Preceptor, Won-gyo˘ng, of Panyasa Temple.

Today, presiding over 75 affiliated temple and 16 hermitages, Haeinsa continues to be a leader of Korean Buddhism as a Dharma temple and also as one of the ten major Avatamsaka temples.

빛깔있는 책들 103-30

해인사

글　| 이재창, 장경호, 장충식훈
사진 | 김종섭

초판 1쇄 발행 | 1993년 08월 20일
초판 10쇄 발행 | 2018년 09월 20일

발행인 | 김남석
발행처 | ㈜대원사
주　소 | 06342 서울시 강남구 양재대로 55길 37, 302
전　화 | (02)757-6711, 6717~9
팩시밀리 | (02)775-8043
등록번호 | 제3-191호
홈페이지 | http://www.daewonsa.co.kr

값 8,500원

ISBN | 89-369-0145-1 00220
978-89-369-0000-7 (세트)

빛깔있는 책들

민속(분류번호:101)

1 짚문화	2 유기	3 소반	4 민속놀이(개정판)	5 전통 매듭
6 전통 자수	7 복식	8 팔도 굿	9 제주 성읍 마을	10 조상 제례
11 한국의 배	12 한국의 춤	13 전통 부채	14 우리 옛 악기	15 솟대
16 전통 상례	17 농기구	18 옛 다리	19 장승과 벅수	106 옹기
111 풀문화	112 한국의 무속	120 탈춤	121 동신당	129 안동 하회 마을
140 풍수지리	149 탈	158 서낭당	159 전통 목가구	165 전통 문양
169 옛 안경과 안경집	187 종이 공예 문화	195 한국의 부엌	201 전통 옷감	209 한국의 화폐
210 한국의 풍어제	270 한국의 벽사부적	279 제주 해녀	280 제주 돌담	

고미술(분류번호:102)

20 한옥의 조형	21 꽃담	22 문방사우	23 고인쇄	24 수원 화성
25 한국의 정자	26 벼루	27 조선 기와	28 안압지	29 한국의 옛 조경
30 전각	31 분청사기	32 창덕궁	33 장석과 자물쇠	34 종묘와 사직
35 비원	36 옛책	37 고분	38 서양 고지도와 한국	39 단청
102 창경궁	103 한국의 누	104 조선 백자	107 한국의 궁궐	108 덕수궁
109 한국의 성곽	113 한국의 서원	116 토우	122 옛기와	125 고분 유물
136 석등	147 민화	152 북한산성	164 풍속화(하나)	167 궁중 유물(하나)
168 궁중 유물(둘)	176 전통 과학 건축	177 풍속화(둘)	198 옛 궁궐 그림	200 고려 청자
216 산신도	219 경복궁	222 서원 건축	225 한국의 암각화	226 우리 옛 도자기
227 옛 전돌	229 우리 옛 질그릇	232 소쇄원	235 한국의 향교	239 청동기 문화
243 한국의 황제	245 한국의 읍성	248 전통 장신구	250 전통 남자 장신구	258 별전
259 나전공예				

불교 문화(분류번호:103)

40 불상	41 사원 건축	42 범종	43 석불	44 옛절터
45 경주 남산(하나)	46 경주 남산(둘)	47 석탑	48 사리구	49 요사채
50 불화	51 괘불	52 신장상	53 보살상	54 사경
55 불교 목공예	56 부도	57 불화 그리기	58 고승 진영	59 미륵불
101 마애불	110 통도사	117 영산재	119 지옥도	123 산사의 하루
124 반가사유상	127 불국사	132 금동불	135 만다라	145 해인사
150 송광사	154 범어사	155 대흥사	156 법주사	157 운주사
171 부석사	178 철불	180 불교 의식구	220 전탑	221 마곡사
230 갑사와 동학사	236 선암사	237 금산사	240 수덕사	241 화엄사
244 다비와 사리	249 선운사	255 한국의 가사	272 청평사	

음식 일반(분류번호:201)

60 전통 음식	61 팔도 음식	62 떡과 과자	63 겨울 음식	64 봄가을 음식
65 여름 음식	66 명절 음식	166 궁중음식과 서울음식		207 통과 의례 음식
214 제주도 음식	215 김치	253 장醬	273 밑반찬	

건강 식품(분류번호:202)

105 민간 요법 181 전통 건강 음료

즐거운 생활(분류번호:203)

67 다도 68 서예 69 도예 70 동양란 가꾸기 71 분재
72 수석 73 칵테일 74 인테리어 디자인 75 낚시 76 봄가을 한복
77 겨울 한복 78 여름 한복 79 집 꾸미기 80 방과 부엌 꾸미기 81 거실 꾸미기
82 색지 공예 83 신비의 우주 84 실내 원예 85 오디오 114 관상학
115 수상학 134 애견 기르기 138 한국 춘란 가꾸기 139 사진 입문 172 현대 무용 감상법
179 오페라 감상법 192 연극 감상법 193 발레 감상법 205 쪽물들이기 211 뮤지컬 감상법
213 풍경 사진 입문 223 서양 고전음악 감상법 251 와인(개정판) 254 전통 주
269 커피 274 보석과 주얼리

건강 생활(분류번호:204)

86 요가 87 볼링 88 골프 89 생활 체조 90 5분 체조
91 기공 92 태극권 133 단전 호흡 162 택견 199 태권도
247 씨름 278 국궁

한국의 자연(분류번호:301)

93 집에서 기르는 야생화 94 약이 되는 야생초 95 약용 식물 96 한국의 동굴
97 한국의 텃새 98 한국의 철새 99 한강 100 한국의 곤충 118 고산 식물
126 한국의 호수 128 민물고기 137 야생 동물 141 북한산 142 지리산
143 한라산 144 설악산 151 한국의 토종개 153 강화도 173 속리산
174 울릉도 175 소나무 182 독도 183 오대산 184 한국의 자생란
186 계룡산 188 쉽게 구할 수 있는 염료 식물 189 한국의 외래 · 귀화 식물
190 백두산 197 화석 202 월출산 203 해양 생물 206 한국의 버섯
208 한국의 약수 212 주왕산 217 홍도와 흑산도 218 한국의 갯벌 224 한국의 나비
233 동강 234 대나무 238 한국의 샘물 246 백두고원 256 거문도와 백도
257 거제도 277 순천만

미술 일반(분류번호:401)

130 한국화 감상법 131 서양화 감상법 146 문자도 148 추상화 감상법 160 중국화 감상법
161 행위 예술 감상법 163 민화 그리기 170 설치 미술 감상법 185 판화 감상법
191 근대 수묵 채색화 감상법 194 옛 그림 감상법 196 근대 유화 감상법 204 무대 미술 감상법
228 서예 감상법 231 일본화 감상법 242 사군자 감상법 271 조각 감상법

역사(분류번호:501)

252 신문 260 부여 장정마을 261 연기 솔올마을 262 태안 개미목마을 263 아산 외암마을
264 보령 원산도 265 당진 합덕마을 266 금산 불이마을 267 논산 병사마을 268 홍성 독배마을
275 만화 276 전주한옥마을 281 태극기 282 고인돌